¿Por qué le llaman Inteligencia Artificial si no es inteligente?

Situación actual de la IA y herramientas para el día a día.

Germán Carro Fernández

Índice de contenidos

Prefacio

En una sociedad tecnificada, presentista, inmediata, en la que la espera por un resultado genera ansiedad, aparecen las tecnologías vinculadas a la IA como la solución a todos nuestros problemas. Nada más lejos de la realidad. Desde mi experiencia profesional como ingeniero orientado a empresas, he sufrido la confusión entre tener a nuestra disposición una herramienta y estar nosotros a disposición de una herramienta.

Actualmente, en redes sociales, internet, prensa, medios de comunicación se nos está bombardeando con la idea de que la IA, o bien va a resolver todos nuestros problemas, o bien va a llevarnos al caos total y absoluto y prácticamente va a provocar la destrucción de nuestra civilización. Quizás como podría haber ocurrido con la invención del fuego, o más recientemente con la explosión de la cultura de las máquinas de vapor en la revolución industrial, o con la llegada de los primeros ordenadores en la revolución tecnológica. En todos los casos el camino fácil de la alarma permitió que muchos se enriquecieran a costa de mostrar los fantasmas del pánico al público en general.

La IA es una herramienta más, desarrollada; y esto es muy importante; por el ser humano. Y como toda herramienta, en este caso tecnológica, debemos utilizarla en nuestro beneficio y no permitir que tome el control de nuestra actividad; ya sea esta vital o profesional. Exactamente igual que ha ocurrido con las redes sociales (herramientas muy útiles para la publicidad, y al tiempo generadoras de ansiedad entre personas que no las saben utilizar, sino que se dejan llevar por ellas).

Este libro busca precisamente situar la IA en su adecuada dimensión, visibilzarla como la herramienta que es con sus virtudes y defectos, y proponer usos más inteligentes que la propia herramienta en sí, para que facilite el trabajo diario del ser humano y colabore a continuar su evolución empresarial, profesional, y por ende, social y cultural. Al igual que ha ocurrido con otros avances a lo largo de la historia.

Germán Carro Fernández
Octubre de 2023

Introducción

Desde un punto de vista realista, el nombre de Inteligencia Artificial no es adecuado. De hecho las herramientas de IA actuales tienen muy poco de inteligente, tal y como se entiende el concepto de inteligencia. En los próximos capítulos se busca aclarar en qué consiste la IA, qué tipos de IA existen, cuál ha sido el desarrollo de la misma a lo largo de la historia, y sobre todo, qué posibilidades ofrece en el ámbito empresarial, industrial o profesional.

El libro se divide en cinco partes que aglutinan los capítulos respectivos que irán desgranando cada uno de los conceptos de mayor relevancia en el ámbito técnico, profesional, empresarial, industrial y ético de la IA.

El objetivo es proporcionar una compresión clara de lo más, o menos, desarrollada que está actualmente la IA, pero también explicar su funcionamiento. Mediante ese conocimiento se apreciarán sus limitaciones actuales y cuales son los procedimientos que la tecnología pone a nuestro alcance para sacar lo máximo de las posibilidades que nos ofrece; o al menos intentarlo. En cada área de negocio se puede emplear una herramienta de IA que puede facilitarnos algunos de los procesos más tediosos, repetitivos y recurrentes a los las empresas deben enfrentarse cada día.

El análisis práctico de dichas herramientas mostrará que la IA actual no sirve para algunas tareas. El ser humano, su experiencia, su creatividad, sus habilidades existentes y adquiridas, su capacidad de formación, debe de aprender a canalizar sus capacidades para potenciar los resultados y el uso de la herramienta de la IA.

Pero por encima de las posibilidades actuales, es evidente que el desarrollo de la IA está avanzando a pasos agigantados. De ahí que un capítulo se dedique al aspecto ético del uso, desarrollo y programación o codificación, por parte de los seres humanos, de la propia IA. No tanto por lo que pueda hacer la herramienta en sí, sino porque esta herramienta está desarrollada por seres humanos.

Se espera que la visión global que proporciona este libro puede ser útil para aquellas personas que desconocen el mundo de la IA, ayude a desmitificarla y la posiciones como herramienta útil que permita aumentar la eficiencia en las tareas industriales, comerciales y empresariales, y de la misma forma su uso se convierta en algo positivo y facilitador del devenir del futuro de nuestra sociedad.

Parte 1: Fundamentos de la Inteligencia Artificial

Capítulo   1

¿Qué es la inteligencia artificial?

> *"Cualquier tecnología suficientemente avanzada es indistinguible de la magia." - Arthur C. Clarke.*

¿Nos encontramos realmente ante magia?. Evidentemente no, nos encontramos ante ciencia o, puntualizando algo más, ante ingeniería. La inteligencia artificial (IA) es un campo de la ingeniería informática, o de la computación, que se enfoca en el desarrollo de sistemas informáticos capaces de realizar tareas que requieren inteligencia humana, como el reconocimiento de voz, la toma de decisiones y el aprendizaje automático [1]. Se basa en el uso de algoritmos y modelos matemáticos para analizar datos y realizar tareas específicas. Uno de los enfoques más comunes en la IA es el aprendizaje automático, que implica la construcción de modelos matemáticos a partir de datos para realizar determinadas tareas [2].

Es decir, la definición de Inteligencia Artificial se refiere a la capacidad de las máquinas para aprender y realizar tareas que normalmente requieren inteligencia humana, como el reconocimiento de imágenes, el volumen de objetos, la resolución de problemas o la elección entre varias opciones. Se basa en la idea de crear máquinas que puedan procesar información y tomar decisiones similares a las que tomaría un ser humano.

De manera simple se puede decir que la IA se divide en dos categorías principales: la *IA débil* y la *IA fuerte*.

La **IA débil** se refiere a las máquinas que se utilizan para realizar tareas específicas, como la identificación de objetos en una imagen o la traducción de un idioma a otro.

La **IA fuerte**, por otro lado, se refiere a una máquina que puede pensar y razonar de manera similar a como lo hace un ser humano. Esta última categoría es aún teórica y no ha sido lograda hasta el momento.

Pero en la práctica, la IA, también se ha utilizado en una gran variedad de aplicaciones, incluyendo el diagnóstico médico, la detección de fraudes financieros y la identificación de patrones climáticos [3]. Al mismo tiempo y a medida que la IA se ha vuelto más avanzada, también ha surgido una importante preocupación sobre su impacto en la sociedad, especialmente en lo que se refiere al empleo y la privacidad [4].

Existen diferentes tipos de IA, cada uno de los cuales se enfoca en tareas específicas. Por ejemplo, la IA basada en reglas utiliza un conjunto de reglas lógicas para tomar decisiones, mientras que la IA basada en redes neuronales utiliza modelos matemáticos inspirados en la estructura del cerebro humano para aprender a partir de datos [5]. El aprendizaje profundo, que es una forma de aprendizaje automático basada en redes neuronales profundas, ha demostrado ser especialmente útil en una gran variedad de tareas, incluyendo la visión por computadora, el procesamiento de lenguaje natural y la traducción automática [6].

Unidas a las preocupaciones citadas previamente, también han surgido ciertos recelos sobre su capacidad para tomar decisiones éticas y justas. Por ejemplo, algunos sistemas de IA pueden perpetuar el sesgo y la discriminación, ya que se basan en datos históricos que reflejan prejuicios culturales y sociales [7].

Con esto en mente, es importante destacar que la IA no es una tecnología perfecta y hay ciertos límites y desafíos a tener en cuenta. Uno de ellos es la *falta de comprensión total del funcionamiento interno de algunos sistemas de IA*, lo que dificulta su explicación y verificación. Esto ha llevado a una creciente preocupación por la transparencia y la rendición de cuentas en el desarrollo y uso de estos sistemas [8].

Pero otro de los grandes desafíos que plantea, es la necesidad de grandes cantidades de datos de alta calidad para entrenar los propios sistemas de los que se nutre la IA, lo que puede ser costoso y difícil de obtener en algunos casos [9]. Además, También plantea importantes cuestiones éticas, como la privacidad de los datos y el uso de sistemas de IA para la toma de decisiones que afectan a las personas [10].

A pesar de todos estos desafíos, la IA sigue avanzando y ha demostrado tener un gran potencial en muchos campos, desde la medicina y la industria hasta la educación y el entretenimiento. Es indudable que, con este recorrido, se espera que la IA tenga un impacto significativo en la forma en que vivimos y trabajamos en el futuro.

Aunque se abordará en el siguiente capítulo, el concepto de la Inteligencia Artificial se remonta ya a la década de 1950, cuando el matemático y científico de la computación británico Alan Turing propuso la idea de crear máquinas que pudieran pensar y razonar de manera similar a como lo hace un ser humano. Turing creía que si una máquina podía engañar a un humano para que pensara que estaba hablando con otro ser humano, entonces esa máquina podría considerarse inteligente.

A lo largo de las décadas siguientes, se llevaron a cabo varios avances importantes en el campo de la IA. Uno de los primeros fue el desarrollo del primer programa de ajedrez de IA en 1951, llamado Machina. Pero fue en la década de 1960, cuando el informático estadounidense John McCarthy acuñó el término "Inteligencia Artificial" en la Conferencia de Dartmouth.

En las décadas siguientes, se produjeron varios avances significativos en la IA. Uno de los más importantes fue el desarrollo del algoritmo de retropropagación en la década de 1980, que permitió a las máquinas aprender de forma autónoma. En la década de 1990, se desarrollaron sistemas de aprendizaje automático que permitían a las máquinas aprender a partir de grandes conjuntos de datos.

Como podemos ver, hoy en día, la IA ya ha llegado a todas partes, desde los asistentes de voz de los teléfonos móviles hasta los sistemas de conducción autónoma. La IA ha transformado muchas industrias y ha abierto la puerta a nuevas oportunidades y avances.

¿Cómo funciona la Inteligencia Artificial?

La Inteligencia Artificial funciona mediante la recopilación y el análisis de datos para identificar patrones y tomar decisiones. Para hacer esto, las máquinas utilizan algoritmos y modelos matemáticos que les permiten procesar grandes cantidades de información de manera rápida y eficiente.

Como se apuntó previamente, existen varios *enfoques diferentes* para la IA, incluyendo el aprendizaje supervisado, el aprendizaje no supervisado y el aprendizaje por refuerzo.

➡ **En el aprendizaje supervisado**, las máquinas se entrenan utilizando un conjunto de datos etiquetado, lo que significa que cada ejemplo de datos tiene una etiqueta que indica la respuesta correcta. Por ejemplo, en el reconocimiento de imágenes, un conjunto de datos etiquetado podría consistir en imágenes de gatos y perros, junto con etiquetas que indiquen si cada imagen muestra un gato o un perro. La máquina utiliza estos datos etiquetados para aprender a reconocer la diferencia entre gatos y perros.

➡ **En el aprendizaje no supervisado**, las máquinas se entrenan utilizando un conjunto de datos no etiquetado. En este caso, la máquina debe identificar patrones en los datos por sí misma, sin la ayuda de etiquetas. Por ejemplo, un conjunto de datos no etiquetado podría consistir en imágenes de rostros humanos. La máquina utilizaría técnicas de agrupamiento y clasificación para identificar patrones en los rasgos faciales, como la forma de los ojos y la nariz.

En el aprendizaje por refuerzo, las máquinas se entrenan para tomar decisiones en un entorno en constante cambio. La máquina recibe retroalimentación en forma de recompensas o castigos, lo que le ayuda a aprender a tomar mejores decisiones en el futuro. Por ejemplo, un sistema de conducción autónoma puede utilizar el aprendizaje por refuerzo para aprender a conducir de manera segura y eficiente en diferentes situaciones de tráfico.

¿Qué aplicaciones tiene la Inteligencia Artificial?

La Inteligencia Artificial tiene muchas aplicaciones en una amplia variedad de industrias, desde la salud y la educación hasta la fabricación y el transporte. Algunas de las cuales se apuntaron sucintamente de manera previa.

En el campo de la **salud**, la IA se utiliza para diagnosticar enfermedades y predecir el riesgo de enfermedades en pacientes. Los algoritmos de IA pueden analizar grandes cantidades de datos médicos, como imágenes de resonancia magnética y registros de pacientes, para identificar patrones y señalar posibles problemas de salud.

En la **educación**, la IA se utiliza para personalizar la experiencia de aprendizaje de los estudiantes. Los sistemas de tutoría de IA pueden adaptarse a las necesidades individuales de cada estudiante, proporcionando ejercicios y materiales de aprendizaje personalizados para cada uno.

En la **fabricación**, la IA se utiliza para mejorar la

eficiencia y la calidad de los procesos de producción. Los sistemas de control de calidad de IA pueden analizar las imágenes de los productos para identificar defectos de fabricación, lo que permite a los fabricantes corregir los problemas de manera más rápida y eficiente.

En el **transporte**, la IA se utiliza para mejorar la seguridad y la eficiencia de los vehículos autónomos. Los sistemas de conducción autónoma utilizan algoritmos de IA para tomar decisiones en tiempo real, como cambiar de carril o frenar para evitar un obstáculo en la carretera.

Y sus aplicaciones siguen creciendo cada día que pasa.

¿Cuáles son los desafíos de la Inteligencia Artificial?

Como se avanzó en la introducción de este capítulo, a pesar de sus muchas aplicaciones y avances, la IA también presenta varios desafíos y preocupaciones.

Uno de los principales desafíos de la IA es la **falta de transparencia** en el proceso de toma de decisiones. A medida que las máquinas se vuelven más avanzadas, se vuelve más difícil entender cómo toman sus decisiones. Esto puede presentar un problema en aplicaciones críticas, como la atención médica y la seguridad nacional, donde las decisiones erróneas pueden tener graves consecuencias.

Otro desafío importante es **el sesgo de los datos**. Como se mencionó anteriormente, las máquinas se entrenan utilizando conjuntos de datos etiquetados o no etiquetados. Si estos conjuntos de datos contienen sesgos, como estereotipos raciales o de género, entonces las máquinas pueden aprender y perpetuar estos sesgos. Esto puede tener consecuencias negativas en la toma de decisiones en áreas como la contratación, la selección de candidatos y la justicia penal.

Además, hay preocupaciones sobre la automatización y el impacto que la IA puede tener en el mercado laboral. A medida que las máquinas se vuelven más avanzadas y capaces de realizar tareas que anteriormente requerían mano de obra humana, muchas personas pueden perder sus trabajos. Es lo mismo que ocurrió durante la revolución industrial, y posteriormente con la generalización de las computadoras. Es importante abordar estos desafíos y trabajar para encontrar soluciones que permitan que la IA beneficie a la sociedad en general.

Conclusiones

Como se ha expuesto, la Inteligencia Artificial es un campo emocionante y en constante evolución que tiene el potencial de transformar muchas industrias y aspectos de la vida cotidiana. La IA se basa en algoritmos y modelos matemáticos que permiten a las máquinas aprender de los datos y tomar decisiones en tiempo real. Se utiliza en una amplia variedad de aplicaciones, desde la salud y la educación hasta la manufactura y el transporte.

Sin embargo, la IA también presenta desafíos y preocupaciones importantes, como la falta de transparencia en el proceso de toma de decisiones, el sesgo de los datos y el impacto en el mercado laboral. Es importante abordar estos desafíos y trabajar para encontrar soluciones que permitan que la IA beneficie a la sociedad en general.

En última instancia, la Inteligencia Artificial tiene el potencial de mejorar la vida de las personas de muchas maneras, desde el diagnóstico y tratamiento de enfermedades hasta la creación de vehículos autónomos más seguros y eficientes. Al continuar explorando y desarrollando la IA, podemos hacer realidad un futuro más inteligente y automatizado.

En este primer capítulo hemos visto que la inteligencia artificial se refiere a la capacidad de las máquinas para realizar tareas que normalmente requieren inteligencia humana, como la toma de decisiones, el reconocimiento de patrones y el aprendizaje. Hemos enunciado algunos de los diferentes tipos de IA, incluyendo la IA simbólica y la IA basada en el aprendizaje automático, y cómo se utilizan en diferentes campos. Además, hemos analizado los desafíos y preocupaciones asociados con el desarrollo y uso de la IA, como la necesidad de grandes cantidades de datos de alta calidad y la transparencia y rendición de cuentas.

En los siguientes capítulos de este libro, exploraremos en detalle cómo se aplican los diferentes tipos de IA en la industria, en la fabricación, en la producción, en servicios como el del turismo, servicios jurídicos, fiscales, contables, y cómo pueden mejorar la experiencia del cliente y la eficiencia operativa en cada sector. Veremos cómo la IA se está utilizando para la personalización de experiencias orientadas al cliente, la predicción de la demanda y la optimización de la gestión de recursos, entre otras aplicaciones.

Referencias bibliográficas del Capítulo 1

[1] Russell, S. J., & Norvig, P. (2009). Artificial Intelligence: A Modern Approach. Prentice Hall.

[2] Domingos, P. (2015). The Master Algorithm: How the Quest for the Ultimate Learning Machine Will Remake Our World. Basic Books.

[3] Topol, E. J. (2019). Deep Medicine: How Artificial Intelligence Can Make Healthcare Human Again. Basic Books.

[4] Brynjolfsson, E., & Mitchell, T. (2017). What can machine learning do? Workforce implications. Science, 358(6370), 1530-1534.

[5] Nilsson, N. J. (1983). Artificial Intelligence: A New Synthesis. Morgan Kaufmann.

[6] LeCun, Y., Bengio, Y., & Hinton, G. (2015). Deep learning. Nature, 521(7553), 436-444.

[7] Buolamwini, J., & Gebru, T. (2018). Gender Shades: Intersectional Accuracy Disparities in Commercial Gender Classification. Proceedings of the 1st Conference on Fairness, Accountability and Transparency, 77-91.

[8] Selbst, A. D., Boyd, D., Friedler, S. A., Venkatasubramanian, S., & Vertesi, J. (2019). Fairness and Abstraction in Sociotechnical Systems. Proceedings of the Conference on Fairness, Accountability, and Transparency, 59-68.

[9] Jordan, M. I., & Mitchell, T. M. (2015). Machine Learning: Trends, Perspectives, and Prospects. Science, 349(6245), 255-260.

[10] Floridi, L., & Taddeo, M. (2016). What is data ethics? Philosophical Transactions of the Royal Society A, 374(2083), 1-19.

Capítulo   2
Historia de la inteligencia artificial

*"La verdadera pregunta no es si las máquinas piensan,
sino si lo hacen de manera similar a la de
los seres humanos." - B.F. Skinner.*

La Inteligencia Artificial (IA) es una de las tecnologías más fascinantes y revolucionarias de nuestro tiempo. Pero, ¿cómo comenzó todo? ¿Cuál es la historia detrás del surgimiento de la IA? En este capítulo, exploraremos la historia de la IA desde sus primeros días hasta la actualidad, y cómo ha evolucionado para convertirse en una de las tecnologías más influyentes y disruptivas de nuestra era.

Orígenes de la IA

La historia de la inteligencia artificial (IA) se remonta a la década de 1940, cuando Warren McCulloch y Walter Pitts desarrollaron el primer modelo matemático de una neurona [1]. Este modelo proporcionó la base teórica para el desarrollo posterior de las redes neuronales artificiales, que son un componente clave de la IA. Pero fue durante la década de 1950, cuando los científicos comenzaron a experimentar con la idea de crear máquinas que pudieran pensar y aprender como los seres humanos. En 1950, el matemático británico Alan Turing publicó un artículo titulado "Computing Machinery and Intelligence" (Maquinaria de Cálculo e Inteligencia), en el que propuso un experimento para medir la inteligencia de una máquina, conocido como la Prueba de Turing.

En la década de 1950, varios investigadores comenzaron a desarrollar programas informáticos que podían "pensar" de manera autónoma y resolver problemas simples. El matemático John McCarthy [2], considerado el padre de la IA. Junto con Marvin Minsky, Nathaniel Rochester y Claude Shannon, acuñó el término "Inteligencia Artificial" en 1956 en una conferencia de Dartmouth College en New Hampshire, Estados Unidos. La conferencia reunió a investigadores de diversas disciplinas para discutir cómo las máquinas podían ser programadas para "pensar" y aprender.

Durante los años siguientes, la IA recibió un gran impulso con el apoyo de agencias gubernamentales, incluyendo la Defense Advanced Research Projects Agency (DARPA) de los Estados Unidos. En la década de 1960, se desarrollaron los primeros lenguajes de programación para la IA, como el Lisp (LISt Processing), que sigue siendo utilizado en la actualidad. Los programas de IA también comenzaron a utilizarse en áreas como la traducción automática, la visión artificial y la robótica.

Aunque la idea de la IA parecía prometedora en sus primeros días, el progreso en este campo se vio obstaculizado por una serie de desafíos técnicos y teóricos. En la década de 1960, se propusieron dos enfoques principales para abordar estos desafíos: la inteligencia artificial **simbólica** y la inteligencia artificial **conexionista**.

También en esta década se desarrolló la teoría del "conocimiento declarativo", que se basaba en la idea de que los sistemas de IA deberían ser capaces de almacenar y manipular el conocimiento en forma de declaraciones o hechos.

Este enfoque fue utilizado en el programa "Dendral", desarrollado por Edward Feigenbaum y Joshua Lederberg en Stanford University en 1965, que era capaz de identificar moléculas a partir de sus estructuras químicas.

➡️ La **inteligencia artificial simbólica** se basa en la idea de que la inteligencia se puede modelar mediante el uso de símbolos y reglas. Esta aproximación fue popularizada por el programa de ajedrez de IBM, Deep Blue, que derrotó al campeón mundial de ajedrez Gary Kasparov en 1997.

➡️ La **inteligencia artificial conexionista**, por otro lado, se basa en la idea de que la inteligencia se puede modelar mediante redes neuronales artificiales, que imitan la estructura y función de las redes neuronales del cerebro humano. Este enfoque ha sido utilizado en muchos sistemas de reconocimiento de patrones, como el reconocimiento de caracteres manuscritos y el reconocimiento de voz.

Auge y caída de la IA en los años 70 y 80

En la década de 1970, se desarrolló el lenguaje de programación "Prolog", que se basaba en la lógica matemática y permitía a los programadores crear sistemas de IA basados en reglas. Este enfoque fue utilizado en el programa "MYCIN", desarrollado por Edward Shortliffe en la Universidad de Stanford en 1974, que era capaz de diagnosticar enfermedades infecciosas a partir de síntomas del paciente.

La IA experimentó cierto auge gracias a una serie de avances tecnológicos y el desarrollo de nuevas técnicas, como las redes neuronales artificiales.

Los investigadores esperaban que la IA pudiera resolver muchos de los problemas más difíciles de la sociedad, desde la predicción del clima hasta la cura del cáncer. La investigación en inteligencia artificial comenzó a centrarse en sistemas que podían "aprender" de la experiencia, en lugar de simplemente seguir reglas preestablecidas. Uno de los métodos de aprendizaje más populares fue el "aprendizaje automático", que implicaba el uso de algoritmos para analizar grandes cantidades de datos y detectar patrones.

Sin embargo, a medida que la IA se volvía más compleja, se hizo evidente que los enfoques tradicionales de programación y modelado matemático no eran suficientes para abordar la complejidad de la IA [4]. En la década de 1980, la IA sufrió una caída importante debido a la falta de avances significativos en la tecnología y la pérdida de interés del público.

A raíz de ello las investigaciones se centraron en la creación de sistemas expertos, que eran programas de computadora capaces de realizar tareas específicas en un dominio limitado de conocimiento.

Uno de los ejemplos más destacados fue el programa "NECAB III", desarrollado por Geoffrey Hinton y Terry Sejnowski en la Universidad de California en San Diego en 1986, que era capaz de reconocer patrones visuales complejos. Estos sistemas expertos se utilizaban en áreas como la medicina y el derecho para ayudar a los profesionales a tomar decisiones, pero estaban muy lejos de las esperanzas que se habían depositado en la IA.

El renacimiento de la IA en los años 90

A finales de los años 80 y principios de los 90, la IA experimentó un resurgimiento gracias a una serie de avances en tecnologías clave como el procesamiento del lenguaje natural, el aprendizaje automático y las redes neuronales. El uso de algoritmos basados en datos y el enfoque de "aprendizaje profundo" permitió a los investigadores abordar problemas complejos de manera más efectiva y hacer que la IA fuera más accesible para empresas y organizaciones.

En la década de 1990, la IA se expandió en áreas como el comercio electrónico, la vigilancia de la salud y la automatización de procesos empresariales, el procesamiento de lenguaje natural y la detección de fraude en tarjetas de crédito. También surgieron nuevas técnicas de aprendizaje automático, como las redes neuronales artificiales, que imitaban el funcionamiento del cerebro humano. Los motores de búsqueda como Google también comenzaron a utilizar técnicas de IA para mejorar los resultados de búsqueda y el reconocimiento de voz se convirtió en una tecnología más efectiva [5].

En la década de 2000, la IA siguió evolucionando, impulsada por avances en la tecnología de hardware y la disponibilidad de grandes cantidades de datos. La IA se ha utilizado en una amplia variedad de aplicaciones, desde la detección de fraudes en el uso de tarjetas de débito y crédito hasta la conducción autónoma de vehículos.

La IA en la actualidad

Hoy en día, la IA se está utilizando cada vez más en una amplia variedad de industrias y aplicaciones, incluyendo la atención médica, la manufactura, la banca, la publicidad y la seguridad. Las redes neuronales y el aprendizaje profundo se han convertido en herramientas esenciales para la IA, y la computación en la nube ha hecho que la IA sea más accesible para las empresas y las organizaciones.

Una de las aplicaciones más interesantes y controvertidas de la IA es en la creación de robots y sistemas autónomos. La robótica ha avanzado significativamente en las últimas décadas, y los robots cada vez son más comunes en fábricas, almacenes y otros entornos de trabajo. Los sistemas autónomos, como los drones y los vehículos autónomos, también están en aumento y podrían transformar por completo la forma en que nos movemos y transportamos bienes y servicios.

A medida que la IA se convierte en una parte cada vez más importante de nuestra vida cotidiana, es importante considerar sus posibles implicaciones éticas y sociales. Hay preocupaciones sobre la privacidad y la seguridad de los datos, el sesgo algorítmico y el posible impacto en el empleo y la desigualdad económica.

Es importante abordar estos problemas y desarrollar marcos éticos y regulaciones adecuados para garantizar que la IA se utilice de manera responsable y equitativa.

Nuevas tendencias en la IA

En la última década, la inteligencia artificial ha experimentado un resurgimiento, gracias a avances en tecnología y una mayor disponibilidad de datos. En particular, el aprendizaje profundo ha transformado la forma en que se aborda la IA, permitiendo que las máquinas aprendan de manera autónoma a través del análisis de grandes cantidades de datos.

El **aprendizaje profundo** es una técnica de aprendizaje automático que utiliza redes neuronales para procesar datos y aprender de ellos. A diferencia de los métodos tradicionales de aprendizaje automático, que requieren que los expertos humanos identifiquen y proporcionen características relevantes, el aprendizaje profundo puede aprender a reconocer patrones y características por sí mismo. Esto lo hace adecuado para una amplia variedad de aplicaciones, desde la visión por computadora hasta el procesamiento del lenguaje natural.

Este tipo de aprendizaje ha permitido avances significativos en la IA en áreas como la robótica, la conducción autónoma y la atención médica. Los robots con aprendizaje profundo pueden aprender a realizar tareas complejas como la manipulación de objetos y la navegación en entornos desconocidos.

Los sistemas de conducción autónoma con aprendizaje profundo pueden reconocer señales de tráfico y detectar obstáculos, permitiendo que los vehículos se conduzcan de forma autónoma en una amplia variedad de entornos.

En la atención médica, el aprendizaje profundo se está utilizando para mejorar la precisión y la eficacia de los diagnósticos médicos. Por ejemplo, los algoritmos de aprendizaje profundo pueden analizar imágenes médicas para detectar signos tempranos de enfermedades como el cáncer o la enfermedad de Alzheimer.

Otra tendencia importante en la IA es la utilización de técnicas de IA para el **procesamiento del lenguaje natural**. La capacidad de comprender el lenguaje natural es esencial para muchas aplicaciones de la IA, desde los chatbots de atención al cliente hasta los asistentes virtuales como Siri y Alexa.

El procesamiento del lenguaje natural implica el análisis y la comprensión del lenguaje humano, incluyendo la gramática, el significado y el contexto. Las técnicas de procesamiento del lenguaje natural se utilizan para crear sistemas de conversación que pueden responder a preguntas y realizar tareas complejas como la programación de reuniones y la realización de transacciones financieras.

El procesamiento del lenguaje natural también se utiliza en la minería de opiniones, una técnica que implica la extracción de información sobre las opiniones y sentimientos de los usuarios de las redes sociales. La minería de opiniones se utiliza para realizar el seguimiento de la opinión pública sobre productos, servicios y eventos y puede ser una herramienta valiosa para las empresas y los responsables políticos.

La IA y la automatización

La IA también está transformando la forma en que se realizan los trabajos y se automatizan los procesos empresariales. La **automatización de procesos empresariales** (BPA, por sus siglas en inglés) implica; valga la redundancia; la automatización de procesos empresariales rutinarios y repetitivos mediante el uso de tecnologías como la IA, el aprendizaje automático y los robots.

El objetivo de la BPA es reducir la necesidad de intervención humana en procesos empresariales, lo que puede llevar a una mayor eficiencia y productividad. Por ejemplo, los chatbots de atención al cliente pueden ser utilizados para responder a preguntas comunes y realizar tareas simples, reduciendo la necesidad de personal de servicio al cliente.

Esta automatización también puede mejorar la calidad de los procesos empresariales al reducir la posibilidad de errores humanos. Los sistemas de automatización pueden realizar tareas repetitivas con mayor precisión y consistencia que los humanos.

Sin embargo, también puede tener consecuencias negativas para los trabajadores humanos. A medida que se automatizan más procesos empresariales, es posible que se produzca una disminución en la demanda de mano de obra, lo que podría llevar a una mayor tasa de desempleo y subempleo.

Es importante considerar los efectos de la excesiva automatización en los trabajadores humanos y tomar medidas para mitigar los impactos negativos, como la reeducación y el reciclaje profesional. No se debe confundir la introducción de mecanismos de automatización en la industria o en las empresas, con sustitución de trabajadores. Lo primero no tiene por qué implicar lo segundo.

La IA y la ética

A medida que la IA se convierte en una parte cada vez más importante de la vida diaria, es importante considerar los desafíos éticos y sociales asociados con su uso. La IA puede tener consecuencias significativas en áreas como la privacidad, la seguridad y la equidad.

Por ejemplo, los algoritmos de IA pueden ser utilizados para recopilar y analizar grandes cantidades de datos sobre los usuarios de internet. Si esta información se utiliza de manera inadecuada, puede violar la privacidad de los usuarios y generar preocupaciones de seguridad.

También puede ser utilizada para tomar decisiones importantes que afectan a las personas, como la selección de candidatos para un trabajo o la aprobación de una solicitud de crédito. Si los algoritmos utilizados para tomar estas decisiones están sesgados o mal diseñados, pueden perpetuar la discriminación y la desigualdad.

Es importante desarrollar marcos éticos y legales para guiar el uso de la IA y garantizar que se utilice de manera responsable y ética. Estos marcos deben considerar la privacidad, la seguridad, la equidad y la transparencia en la toma de decisiones basadas en la IA.

La IA y el futuro

La IA está transformando rápidamente la forma en que vivimos y trabajamos. A medida que la tecnología continúa avanzando, es posible que veamos una mayor automatización de procesos empresariales y una mayor utilización de sistemas de IA en una amplia variedad de aplicaciones.

También es posible que la IA tenga un impacto significativo en el mercado laboral, con la automatización de trabajos que antes requerían intervención humana. Esto puede llevar a una mayor necesidad de reciclaje profesional y educación continua para garantizar que los trabajadores humanos puedan mantenerse al día con los cambios en el mercado laboral.

Además, es posible que la IA tenga implicaciones significativas para la seguridad internacional y la competencia económica. Países y empresas que lideran en la investigación y el desarrollo de la IA pueden tener una ventaja competitiva significativa en áreas como la tecnología militar y la innovación empresarial.

En última instancia, la IA; como herramienta humana que es; tiene el potencial de transformar el mundo de maneras que aún no podemos imaginar. Es importante que nos preparemos para este futuro y trabajemos juntos para garantizar que se utilice de manera responsable y beneficiosa para la sociedad en general.

Conclusión

La historia de la IA es una historia de innovación y avances tecnológicos, desde los primeros días de la programación informática hasta la era actual del aprendizaje profundo y la computación en la nube. La IA se ha utilizado en una amplia variedad de aplicaciones, desde la robótica hasta el comercio electrónico, y está transformando la forma en que vivimos y trabajamos.

También es una historia rica y diversa, y ha llevado a la creación de tecnologías que hoy en día tienen un impacto significativo en nuestra vida diaria. Desde los primeros cálculos matemáticos hasta los sistemas de aprendizaje profundo actuales, la IA ha evolucionado y mejorado de manera constante.

A medida que la IA continúa avanzando, es importante considerar los desafíos éticos y sociales asociados con su uso. Es necesario desarrollar marcos éticos y legales para guiar el uso de la IA y garantizar que se utilice de manera responsable y ética.

También es importante tener en cuenta los impactos que la IA puede tener en el mercado laboral y en la economía en general. La automatización de procesos empresariales puede llevar a una mayor eficiencia y productividad, pero también puede tener consecuencias negativas para los trabajadores humanos.

En última instancia, la IA tiene el potencial de transformar el mundo de maneras que aún no podemos imaginar. Es importante que nos preparemos para este futuro y trabajemos juntos para garantizar que la IA se utilice de manera responsable y beneficiosa para la sociedad y las personas que la conforman.

Sin embargo, la IA también plantea una serie de desafíos y preocupaciones éticas y sociales que deben abordarse de manera responsable. Es importante que trabajemos juntos para desarrollar marcos éticos y regulaciones adecuados para garantizar que se utilice de manera equitativa y para el beneficio de la humanidad. Con el tiempo, la IA seguirá evolucionando y cambiando el mundo en que vivimos, y es importante que abordemos estos cambios de manera reflexiva y consciente. No debemos olvidar que esta tecnología ha sido desarrollada y está siendo mejorada por los propios seres humanos.

Referencias bibliográficas Capítulo 2

[1] McCulloch, W. S., & Pitts, W. (1943). A logical calculus of the ideas immanent in nervous activity. The bulletin of mathematical biophysics, 5(4), 115-133.

[2] McCarthy, J., Minsky, M. L., Rochester, N., & Shannon, C. E. (1955). A proposal for the Dartmouth summer research project on artificial intelligence. AI magazine, 27(2), 12.

[3] Buchanan, B. G., & Shortliffe, E. H. (1984). Rule-based expert systems: The MYCIN experiments of the Stanford heuristic programming project. Elsevier.

[4] McCorduck, P. (2004). Machines who think: A personal inquiry into the history and prospects of artificial intelligence. A K Peters/CRC Press.

[5] Russell, S. J., & Norvig, P. (2009). Artificial intelligence: a modern approach. Pearson Education.

Capítulo   3

Tipos de inteligencia artificial

> *¿Por qué esta magnífica tecnología científica, que ahorra trabajo y nos hace la vida más fácil nos aporta tan poca felicidad? La respuesta es esta, simplemente: porque aún no hemos aprendido a usarla con tino. -Albert Einstein.*

La inteligencia artificial (IA) se ha convertido en un tema popular en los últimos años debido a su capacidad para resolver problemas complejos y mejorar la eficiencia de los procesos empresariales. Sin embargo, a pesar de que en el ámbito coloquial se tiende a generalizar y agrupar todo dentro del mismo conjunto de actividades, en realidad hay diferentes tipos de IA que se utilizan para diferentes propósitos. En este capítulo, se explorarán algunos de los tipos de IA más representativos y se indicarán algunos de sus usos en el mundo real.

IA basada en reglas

La IA basada en reglas es un tipo de IA que utiliza un conjunto de reglas lógicas para tomar decisiones. Este tipo de IA es especialmente útil para tareas en las que el resultado es conocido de antemano. Por ejemplo, un sistema de IA basado en reglas se puede utilizar para predecir el clima o el resultado de un juego de ajedrez.

El desarrollo de la IA basada en reglas se remonta a la década de 1950 y 1960, cuando se desarrollaron los primeros sistemas de IA basados en reglas para resolver problemas matemáticos complejos.

Desde entonces, esta IA se ha utilizado ampliamente en aplicaciones empresariales como la planificación de recursos empresariales y la gestión de inventarios.

IA basada en aprendizaje automático

La IA basada en aprendizaje automático es un tipo de IA que utiliza algoritmos para aprender de los datos. Este tipo de IA es especialmente útil para tareas en las que no se conoce el resultado de antemano. Por ejemplo, un sistema de IA basado en aprendizaje automático se puede utilizar para identificar patrones en grandes conjuntos de datos. Se centra en el desarrollo de algoritmos que permiten a los sistemas aprender y mejorar a partir de los datos que se les proporcionan.

Estos algoritmos son utilizados en diferentes campos, como el reconocimiento de voz, la visión por computadora o la toma de decisiones, entre otros. El aprendizaje automático se divide en diferentes subcategorías, como el aprendizaje supervisado, el aprendizaje no supervisado y el aprendizaje por refuerzo [1].

El aprendizaje automático se remonta a la década de 1950, cuando se desarrollaron los **primeros algoritmos de aprendizaje** automático para resolver problemas matemáticos. Por esa razón se ha utilizado ampliamente en aplicaciones empresariales como el **análisis de datos** y la **detección de fraudes**.

IA basada en redes neuronales

La IA basada en redes neuronales es un tipo de IA que imita la forma en que el cerebro humano procesa la información. Este tipo de IA es especialmente útil para tareas en las que se necesitan tomar decisiones complejas basadas en múltiples variables. Por ejemplo, un sistema de IA basado en redes neuronales se puede utilizar para identificar objetos en una imagen.

El desarrollo de la IA basada en redes neuronales se remonta a la década de 1950, cuando se desarrollaron los primeros modelos de redes neuronales. Desde entonces, la IA basada en redes neuronales se ha utilizado ampliamente en aplicaciones empresariales como el reconocimiento de voz y el análisis de imágenes.

IA basada en procesamiento del lenguaje natural

La IA basada en procesamiento del lenguaje natural es un tipo de IA que se utiliza para procesar el lenguaje humano. Este tipo de IA es especialmente útil para tareas en las que se necesita comprender el lenguaje humano, como la traducción de idiomas o el análisis de sentimientos expresados en las redes sociales.

El desarrollo de la IA basada en procesamiento del lenguaje natural se remonta a la década de 1950, cuando se desarrollaron los primeros algoritmos de procesamiento del lenguaje natural. Desde entonces, la IA basada en procesamiento del lenguaje natural se ha utilizado ampliamente.

Aprendizaje por refuerzo

El aprendizaje por refuerzo es un tipo de IA que permite a una máquina aprender a través de la interacción con su entorno. La máquina toma acciones en el entorno y recibe retroalimentación en forma de recompensas o castigos. Esta retroalimentación permite que la máquina ajuste su comportamiento para maximizar su recompensa [2]. El aprendizaje por refuerzo se ha utilizado en una variedad de aplicaciones, desde la robótica hasta los juegos de computadora.

Una de las aplicaciones más interesantes del aprendizaje por refuerzo ha sido, precisamente, en la robótica. Los robots pueden ser programados para realizar tareas específicas, pero pueden tener dificultades para adaptarse a entornos cambiantes. El aprendizaje por refuerzo permite que los robots aprendan a medida que interactúan con su entorno, lo que les permite adaptarse y realizar tareas más complejas.

En los juegos de computadora, el aprendizaje por refuerzo se ha utilizado para crear agentes de inteligencia artificial capaces de jugar a juegos como el ajedrez o el Go a un nivel sobrehumano. Los agentes de IA utilizan el aprendizaje por refuerzo para aprender a jugar el juego a través de la práctica y la retroalimentación.

El aprendizaje por refuerzo es una técnica que permite a un agente aprender a tomar decisiones a través de la interacción con un entorno en base a las recompensas y castigos que recibe por sus acciones. El agente aprende a tomar decisiones sobre acciones que maximicen la recompensa recibida y minimicen el castigo, lo que le permite mejorar su desempeño a lo largo del tiempo. Este enfoque es especialmente útil en situaciones en las que la retroalimentación es escasa o se produce con un retraso significativo, como en el caso de los juegos.

Un ejemplo común de aprendizaje por refuerzo es el juego de Atari, en el que un agente aprende a jugar a un videojuego al ser recompensado por hacer las jugadas correctas y castigado por hacer las jugadas incorrectas. Con el tiempo, el agente aprende a jugar al juego de manera experta y a superar los niveles más difíciles [3].

Aprendizaje profundo

El aprendizaje profundo es un tipo de IA que se basa en redes neuronales artificiales. Las redes neuronales artificiales son modelos matemáticos que imitan la estructura y el comportamiento del cerebro humano. El aprendizaje profundo utiliza redes neuronales artificiales para aprender a partir de grandes cantidades de datos [4].

El aprendizaje profundo se ha utilizado en una amplia

variedad de aplicaciones, desde la visión por computadora hasta el procesamiento del lenguaje natural. En la visión por computadora [5], el aprendizaje profundo se ha utilizado para desarrollar sistemas capaces de identificar objetos y personas en imágenes. En el procesamiento del lenguaje natural, dicho aprendizaje profundo se ha utilizado para crear sistemas capaces de entender y responder a las preguntas de los usuarios[6].

Inteligencia artificial simbólica

La inteligencia artificial simbólica se basa en la lógica y la manipulación de símbolos para representar el conocimiento y el razonamiento [7]. Se utiliza a menudo en aplicaciones de procesamiento del lenguaje natural, como la comprensión de textos y la traducción automática.

La inteligencia artificial simbólica se basa en la representación de conocimiento en forma de reglas y axiomas. Estas reglas y axiomas pueden ser utilizados por la IA para inferir nuevos conocimientos y razonar sobre ellos. Se ha utilizado en una amplia variedad de aplicaciones, desde la planificación automatizada hasta la robótica.

Redes neuronales convolucionales

Las redes neuronales convolucionales (CNN, por sus siglas en inglés) son un tipo de red neuronal artificial que se utiliza principalmente para el procesamiento de imágenes y vídeos. Estas redes se inspiran en la organización del sistema visual del cerebro humano y están diseñadas para reconocer patrones visuales complejos [8].

➤   Las CNN están compuestas por múltiples capas, cada una de las cuales procesa la información de manera progresivamente más compleja. La capa de entrada procesa la imagen en bruto, mientras que las capas posteriores identifican características cada vez más abstractas. Por ejemplo, una capa puede detectar bordes, mientras que otra capa puede detectar formas más complejas como rostros o vehículos.

➤   Las CNN se utilizan en una amplia variedad de aplicaciones, desde el reconocimiento de rostros hasta la conducción autónoma de vehículos. También se han utilizado en la detección de enfermedades médicas, como el cáncer de mama, y en la identificación de objetos en imágenes satelitales.

Inteligencia artificial híbrida

La inteligencia artificial híbrida es una combinación de diferentes tipos de IA, como el aprendizaje profundo y la inteligencia artificial simbólica [9]. Se utiliza a menudo en aplicaciones que requieren un alto nivel de inteligencia y comprensión del entorno como por ejemplo en aplicaciones de robótica avanzada.

Es una combinación de diferentes tipos de inteligencia artificial para lograr un mejor rendimiento en una tarea específica. Por ejemplo, se puede combinar el aprendizaje supervisado y no supervisado en un solo sistema para mejorar la precisión de la clasificación. O se puede combinar la lógica simbólica y el aprendizaje profundo para mejorar la comprensión del lenguaje natural.

➡ Un ejemplo de inteligencia artificial híbrida es el sistema IBM Watson, que combina técnicas de procesamiento del lenguaje natural, razonamiento basado en reglas y aprendizaje automático para responder preguntas complejas en un formato similar al de un concurso televisivo. Watson se hizo famoso en 2011 cuando venció a los dos mayores ganadores en la historia del programa de televisión estadounidense "Jeopardy!".

➡ Otro ejemplo es el sistema AlphaGo, desarrollado por Google DeepMind, que utiliza una combinación de técnicas de aprendizaje profundo y búsqueda en árbol para jugar al juego de mesa chino Go. En 2016, AlphaGo venció al campeón mundial de Go Lee Sedol en una serie de partidas históricas.

La inteligencia artificial híbrida se está convirtiendo cada vez más en un enfoque popular para resolver problemas complejos que requieren múltiples habilidades y técnicas de inteligencia artificial.

Sistemas Expertos

Los sistemas expertos son programas informáticos que utilizan conocimientos y reglas de expertos en una determinada área para resolver problemas relacionados con ella. Estos sistemas pueden ser utilizados en diferentes campos, como la medicina, la ingeniería o la gestión empresarial, entre otros. Para desarrollar un sistema experto, es necesario contar con una base de conocimientos y un conjunto de reglas que permitan la toma de decisiones.

Además, es importante que el sistema sea capaz de aprender y actualizar su base de conocimientos a medida que se van incorporando nuevos datos o conocimientos.

Redes Neuronales Artificiales

Las redes neuronales artificiales (RNA) son sistemas de procesamiento de información que están diseñados para funcionar de manera similar al cerebro humano [10]. Estas redes están compuestas por un gran número de neuronas interconectadas que trabajan en conjunto para procesar información y realizar tareas específicas. Las RNA son utilizadas en diferentes campos, como el reconocimiento de patrones [11], la clasificación de datos o la predicción de resultados, entre otros.

Sistemas de Lógica Difusa

Los sistemas de lógica difusa son sistemas de procesamiento de información que utilizan un conjunto de reglas lógicas para manejar la incertidumbre y la imprecisión de los datos. Estos sistemas son capaces de procesar información que no es totalmente precisa o exacta, y son utilizados en diferentes campos, como la robótica [12], la automatización industrial o la gestión empresarial, entre otros.

Algoritmos Genéticos

Los algoritmos genéticos son técnicas de búsqueda y optimización que se basan en la selección natural y la evolución biológica. Estos algoritmos son utilizados para encontrar soluciones óptimas a problemas complejos mediante la generación de soluciones aleatorias y su posterior evaluación y selección en función de su adaptación y evolución. Los algoritmos genéticos son utilizados en diferentes campos, como la ingeniería, la economía o la biología, entre otros.

Conclusión

Como se ha visto a lo largo de este capítulo los diferentes tipos de IA abarcan casi cualquier área de la investigación, empresa, o sociedad. Cómo enfocar cada uno de esos tipos requiere el uso de diferentes alternativas y enfoques en cada una de las cuales los científicos, técnicos y profesionales aportan su experiencia y criterio [13].

Cada uno de los tipos citados podría por si solo constituir un libro o manual de referencia. En este capítulo solo se ha pretendido ofrecer una visión general de la diversidad de campos en que se está desarrollando la IA, y cómo estos afectan o pueden ser útiles en el día a día. Tal y como se avanzaba en los capítulos anteriores, nos encontramos ante al principio del uso y aplicación práctica y generalizado de una nueva tecnología. Su maduración se asentará con el empleo de la misma. Por ello cada usuario formará parate de forma directa o indirecta de su desarrollo.

Referencias bibliográficas del Capítulo 3

[1] Goodfellow, I., Bengio, Y., & Courville, A. (2016). Deep learning. MIT press.

[2] Sutton, R. S., & Barto, A. G. (2018). Reinforcement learning: An introduction. MIT press.

[3] Lopez Baeza-Rojano, J., García Polo, F. J., (2019). Aplicación de aprendizaje por refuerzo adversario en juegos de Atari. Universidad Carlos III de Madrid.

[4] LeCun, Y., Bengio, Y., & Hinton, G. (2015). Deep learning. Nature, 521(7553), 436-444.

[5] Krizhevsky, A., Sutskever, I., & Hinton, G. E. (2012). Imagenet classification with deep convolutional neural networks. In Advances in neural information processing systems (pp. 1097-1105).

[6] Domingos, P. (2015). The Master Algorithm: How the Quest for the Ultimate Learning Machine Will Remake Our World. Basic Books.

[7] Brooks, R. A. (1991). Intelligence without representation. Artificial intelligence, 47(1-3), 139-159.

[8] Kurzweil, R. (2012). How to create a mind: The secret of human thought revealed. Penguin.

[9] Murphy, K. P. (2012). Machine Learning: A Probabilistic Perspective. MIT Press.

[10] Haykin, S. (2009). Neural Networks and Learning Machines. Pearson Education.

[11] Bishop, C. M. (2006). Pattern Recognition and Machine Learning. Springer.

[12] Kober, J., Bagnell, J. A., & Peters, J. (2013). Reinforcement learning in robotics: A survey. The International Journal of Robotics Research, 32(11), 1238-1274.

[13] Domingos, P. (2015). The Five Tribes of Machine Learning and What You Can Take from Each. Communications of the ACM, 58(7), 78-87.

Parte 2: Desarrollo de la Inteligencia Artificial

Capítulo   4

Aprendizaje automático

"Todos tenemos la esperanza de que el mundo
pueda ser un lugar mejor donde vivir y
la tecnología puede colaborar para que
ello suceda" – Tim Berners Lee.

El campo de la inteligencia artificial (IA) ha experimentado avances significativos en las últimas décadas, especialmente en el área del aprendizaje automático. El aprendizaje automático es un subcampo de la IA que se centra en desarrollar algoritmos y modelos que permitan a las máquinas aprender y mejorar su rendimiento a través de la experiencia. En este capítulo, exploraremos los conceptos fundamentales del aprendizaje automático, sus aplicaciones prácticas y los desafíos que enfrenta.

Fundamentos del Aprendizaje Automático

El aprendizaje automático se basa en la idea de que las máquinas pueden aprender patrones y hacer predicciones a partir de datos. Para lograr esto, es necesario utilizar algoritmos que puedan identificar relaciones y regularidades en los datos de entrenamiento. A través de la exposición a ejemplos y la retroalimentación proporcionada, los modelos de aprendizaje automático pueden mejorar su capacidad para realizar tareas específicas.

Existen diferentes enfoques dentro del aprendizaje

automático, entre los cuales destacan el aprendizaje supervisado, el no supervisado y el aprendizaje por refuerzo.

Aprendizaje Supervisado

El aprendizaje supervisado es uno de los enfoques más comunes en el aprendizaje automático. En este tipo de aprendizaje, se proporciona a los modelos un conjunto de ejemplos de entrada y salida esperada, y su objetivo es aprender a mapear las entradas a las salidas correctas. Para lograrlo, se utilizan algoritmos como las redes neuronales artificiales, los árboles de decisión y las máquinas de vectores de soporte.

Aprendizaje No Supervisado

A diferencia del aprendizaje supervisado, el aprendizaje no supervisado se centra en encontrar patrones y estructuras ocultas en los datos sin una salida esperada conocida. Los algoritmos de aprendizaje no supervisado pueden agrupar datos similares en conjuntos o reducir la dimensionalidad de los datos para facilitar su análisis posterior. Ejemplos comunes de algoritmos no supervisados son el clustering y la reducción de la dimensionalidad mediante técnicas como el análisis de componentes principales.

Aprendizaje por Refuerzo

El aprendizaje por refuerzo se basa en el concepto de

que un agente de IA puede aprender a través de la interacción con un entorno. El agente realiza acciones en el entorno y recibe retroalimentación positiva o negativa en forma de recompensas. El objetivo del agente es maximizar las recompensas a lo largo del tiempo aprendiendo qué acciones tomar en cada situación. Algunas técnicas utilizadas en el aprendizaje por refuerzo incluyen algoritmos de búsqueda, como Q-learning y algoritmos genéticos.

Aplicaciones del Aprendizaje Automático

El aprendizaje automático tiene numerosas aplicaciones en diversos campos. A continuación, se presentan algunas áreas en las que el aprendizaje automático ha demostrado ser especialmente útil:

1. Reconocimiento de patrones y visión por computadora

El aprendizaje automático ha revolucionado el campo del reconocimiento de patrones y la visión por computadora, permitiendo a las máquinas comprender e interpretar imágenes y videos de manera similar a los seres humanos. Estas capacidades son fundamentales en numerosas aplicaciones, desde la detección de objetos y reconocimiento facial hasta el análisis de imágenes médicas y la conducción autónoma.

El reconocimiento de patrones se refiere a la capacidad de una máquina para identificar y categorizar patrones complejos en los datos. Mediante algoritmos de aprendizaje automático, las máquinas pueden aprender a reconocer patrones visuales, auditivos o de otro tipo, y aplicar ese conocimiento para realizar tareas específicas.

En el contexto de la visión por computadora, el aprendizaje automático ha permitido avances significativos en la detección y reconocimiento de objetos en imágenes y videos. Los algoritmos de aprendizaje automático pueden aprender a identificar objetos específicos, como personas, automóviles, edificios o animales, a partir de un conjunto de ejemplos de entrenamiento.

Estos algoritmos utilizan características visuales, como colores, formas, texturas y relaciones espaciales, para diferenciar y clasificar objetos en una imagen. A medida que se alimentan con más datos, los modelos de aprendizaje automático mejoran su capacidad para reconocer y distinguir objetos con mayor precisión.

El reconocimiento de patrones y la visión por computadora tienen una **amplia gama de aplicaciones** en diversas industrias. Por ejemplo, en la medicina, los algoritmos de aprendizaje automático pueden ayudar a detectar anomalías en imágenes médicas, como radiografías o resonancias magnéticas, facilitando el **diagnóstico temprano de enfermedades**.

En el ámbito de la seguridad, los sistemas de vigilancia y seguridad pueden utilizar algoritmos de reconocimiento facial para identificar personas sospechosas o buscar coincidencias en bases de datos de personas buscadas. Además, en la industria automotriz, el reconocimiento de objetos y la visión por computadora son fundamentales para el desarrollo de vehículos autónomos capaces de detectar y responder a su entorno. En la gestión de calidad en cadenas de montaje o fabricación, esta capacidad de reconocimiento facilita la detección de piezas o productos defectuosos y permite eliminarlos del proceso de producción.

En resumen, el reconocimiento de patrones y la visión por computadora impulsados por el aprendizaje automático han permitido avances significativos en la capacidad de las máquinas para comprender y procesar información visual. Estas capacidades tienen aplicaciones amplias y diversas, desde la medicina y la seguridad hasta la industria automotriz y más allá.

2. Procesamiento del lenguaje natural

El procesamiento del lenguaje natural (PLN) es otra área en la que el aprendizaje automático ha tenido un gran impacto. El PLN se enfoca en permitir a las máquinas comprender y procesar el lenguaje humano de manera similar a como lo hacen los propios seres humanos. Los algoritmos de aprendizaje automático se utilizan para tareas como el análisis de sentimientos, la traducción automática, la generación de texto y la respuesta a preguntas.

3. Reconocimiento de voz

El reconocimiento de voz es una aplicación del aprendizaje automático que ha ganado popularidad en los últimos años. Permite que las máquinas conviertan el habla humana en texto o comandos comprensibles. Los sistemas de reconocimiento de voz utilizan algoritmos de aprendizaje automático, como las redes neuronales recurrentes, para entrenar modelos capaces de reconocer y transcribir el habla con precisión.

4. *Conducción autónoma*

La conducción autónoma es un campo en el que el aprendizaje automático ha logrado avances significativos. Los vehículos autónomos utilizan algoritmos de aprendizaje automático para procesar datos sensoriales y tomar decisiones en tiempo real. Estos algoritmos son capaces de reconocer señales de tráfico, detectar peatones y otros vehículos, y planificar rutas de conducción seguras.

Desafíos en el Aprendizaje Automático

Aunque el aprendizaje automático ha demostrado ser una herramienta poderosa, también presenta desafíos significativos. Algunos de los desafíos más comunes incluyen:

1. *Falta de datos suficientes y de calidad*

El aprendizaje automático depende en gran medida de los datos de entrenamiento. En algunos casos, puede haber una falta de datos suficientes o de calidad para entrenar modelos precisos. Además, la calidad de los datos puede verse afectada por sesgos y ruido, lo que puede conducir a resultados incorrectos o sesgados.

2. *Interpretabilidad de los modelos*

A medida que los modelos de aprendizaje automático se vuelven más complejos, su interpretación se vuelve más desafiante. Comprender cómo y por qué un modelo toma decisiones puede ser crucial, especialmente en aplicaciones críticas como la medicina [1] o la seguridad. La interpretabilidad de los modelos de aprendizaje automático es un área activa de investigación.

3. Ética y privacidad

El aprendizaje automático plantea importantes cuestiones éticas y de privacidad. Por ejemplo, la recopilación y el uso de datos personales para entrenar modelos de aprendizaje automático plantean preocupaciones sobre la privacidad y la seguridad de la información. Además, los sesgos inherentes en los datos pueden llevar a decisiones discriminatorias o injustas.

Algoritmos y Técnicas en el Aprendizaje Automático

El aprendizaje automático se basa en una variedad de algoritmos y técnicas que permiten a las máquinas aprender y mejorar su rendimiento. A continuación, exploraremos algunos de los algoritmos más utilizados en el campo del aprendizaje automático:

1. Redes neuronales artificiales

Las redes neuronales artificiales son modelos inspirados en el funcionamiento del cerebro humano. Están compuestas por capas de neuronas interconectadas que procesan la información. Estas redes son capaces de aprender patrones complejos a partir de datos y se utilizan en una amplia gama de aplicaciones, como reconocimiento de imágenes, procesamiento de lenguaje natural y pronóstico del tiempo.

2. Máquinas de Vectores de Soporte (SVM)

Las máquinas de vectores de soporte [2] son algoritmos utilizados tanto en problemas de clasificación como de regresión. Estos algoritmos encuentran el hiperplano que mejor separa los datos de diferentes clases en un espacio multidimensional. Las SVM son especialmente efectivas cuando los datos son linealmente no separables, ya que utilizan técnicas de transformación de características para mapear los datos en un espacio de mayor dimensionalidad donde sí son separables.

3. Árboles de decisión

Los árboles de decisión son algoritmos que utilizan una estructura de árbol para tomar decisiones basadas en características y reglas condicionales. Estos árboles se construyen dividiendo el conjunto de datos en función de las características más informativas en cada paso. Los árboles de decisión son fáciles de interpretar y se utilizan en problemas de clasificación y regresión.

4. Aprendizaje Profundo (Deep Learning)

El aprendizaje profundo es una rama del aprendizaje automático que se centra en el entrenamiento de redes neuronales profundas con múltiples capas ocultas. Estas redes son capaces de aprender representaciones de alto nivel de los datos y han demostrado un rendimiento sobresaliente en tareas como reconocimiento de imágenes, procesamiento de voz y traducción automática.

Conclusiones

En este capítulo, hemos explorado los fundamentos del aprendizaje automático, sus aplicaciones prácticas y los desafíos que enfrenta. El aprendizaje automático ha demostrado ser una herramienta poderosa en diversos campos, desde la medicina hasta la conducción autónoma. Sin embargo, también plantea desafíos éticos, de privacidad y de interpretación de modelos.

El campo del aprendizaje automático continúa evolucionando rápidamente, y se espera que tenga un impacto cada vez mayor en nuestra sociedad. A medida que avanzamos, es fundamental abordar los desafíos y desarrollar marcos éticos sólidos para garantizar un uso responsable y beneficioso de la inteligencia artificial y el aprendizaje automático.

Referencias bibliográficas del Capítulo 4

[1] Haque, I. R. I., & Neubert, J. (2020). Deep learning approaches to biomedical image segmentation. Informatics in *Medicine Unlocked*, 18, 100297.

[2] Pisner, D. A., & Schnyer, D. M. (2020). Support vector machine. In *Machine learning* (pp. 101-121). Academic Press.

Capítulo   5

Redes neuronales

*"Con mucha diferencia, el mayor peligro de la
Inteligencia Artificial es que las personas
concluyen demasiado pronto que la
entienden" – Eliezer Yudkowsky.*

En este capítulo, nos sumergiremos en el fascinante mundo de las redes neuronales, una de las técnicas más poderosas y populares utilizadas en el campo de la inteligencia artificial. Las redes neuronales son modelos computacionales inspirados en el funcionamiento del cerebro humano, diseñados para aprender y resolver problemas complejos. Exploraremos cómo funcionan, cómo se entrenan y cómo se aplican en diversos dominios.

Introducción a las redes neuronales

Comenzaremos con una introducción a las redes neuronales, explicando su estructura básica y los principios fundamentales en los que se basan. Las redes neuronales están compuestas por capas de neuronas interconectadas, que procesan y transmiten información a través de conexiones ponderadas. A continuación explicaremos la analogía entre las neuronas biológicas y las neuronas artificiales, y cómo esta estructura permite a las redes neuronales realizar cálculos complejos y aprender de los datos.

Arquitecturas y tipos de redes neuronales

Actualmente contamos con diferentes arquitecturas y tipos de redes neuronales. Existen las redes neuronales de alimentación directa (feedforward), en las que la información fluye en una dirección desde la capa de entrada hacia la capa de salida. También tenemos las redes neuronales recurrentes, que tienen conexiones retroalimentadas y son adecuadas para tareas en las que la secuencia y la memoria son importantes.

Además, hay otros tipos de redes neuronales, como las redes neuronales convolucionales, diseñadas específicamente para procesar datos con estructura espacial, como imágenes, y las redes neuronales generativas, que pueden generar nuevos datos similares a los utilizados en el entrenamiento.

Entrenamiento de redes neuronales

El entrenamiento de las redes neuronales es un proceso crucial para que puedan aprender y mejorar su rendimiento en tareas específicas. En esta sección, discutiremos los conceptos de función de pérdida y optimización, explicando cómo se utilizan para ajustar los pesos de las conexiones y minimizar el error de la red [1].

Mencionaremos de forma general algunos algoritmos populares de optimización, como el descenso de gradiente estocástico, y hablaremos de técnicas como la regularización y el ajuste de hiperparámetros para mejorar la generalización y evitar el sobreajuste de las redes neuronales.

El proceso de entrenamiento de redes neuronales en IA

es un paso fundamental para lograr un procesamiento efectivo dentro del campo del Aprendizaje Profundo (Deep Learning). El entrenamiento de una red neuronal se basa en el aprendizaje basado en ejemplos, similar al aprendizaje humano, donde la red analiza objetos, realiza predicciones y se corrige a sí misma en caso de cometer errores.

El entrenamiento de una red neuronal en IA generalmente consta de los siguientes pasos:

➡ **1.- Forward Pass** (Propagación hacia adelante): Durante esta etapa, los datos de entrada se propagan a través de la red neuronal, capa por capa, de manera secuencial desde la capa de entrada hasta la capa de salida. En cada capa, se realizan cálculos basados en los pesos y sesgos de las conexiones entre las neuronas. Estos cálculos se pueden resumir en una fórmula matemática que incluye la suma ponderada de las entradas y la aplicación de una función de activación.

➡ **2.- Comparación con el Ground Truth** (GT): Después de que la red haya generado una salida para una determinada entrada, se compara esa salida con el valor esperado o resultado correcto, conocido como Ground Truth. Esta comparación permite evaluar el grado de precisión de la red en sus predicciones.

➡ **3.- Cálculo del Error Total**: Se utiliza una función de pérdida o coste para cuantificar el error entre la salida generada por la red y el Ground Truth. El cálculo del error total se basa en la diferencia entre estos dos valores y puede involucrar diferentes métricas, como el error cuadrático medio o la entropía cruzada.

4.- Backward Pass o Backpropagation (Propagación hacia atrás): En esta etapa, se ajustan los pesos y sesgos de las conexiones entre las neuronas de la red neuronal. El algoritmo de backpropagation es utilizado para calcular el gradiente del error con respecto a los pesos y sesgos, propagando este gradiente hacia atrás a través de la red neuronal. El gradiente calculado se utiliza para actualizar los parámetros de la red mediante el uso de un algoritmo de optimización, como el descenso de gradiente, que busca minimizar el error.

El proceso de entrenamiento se repite iterativamente durante varias épocas (epochs), donde cada época representa un ciclo completo de propagación hacia adelante y propagación hacia atrás a través de todos los datos de entrenamiento disponibles. Con cada iteración, la red neuronal ajusta gradualmente sus pesos y sesgos para reducir el error y mejorar su capacidad para realizar predicciones precisas.

Es importante destacar que el entrenamiento de redes neuronales en IA puede implicar una serie de **consideraciones adicionales**, como la selección de arquitecturas de redes adecuadas, la regularización para evitar el sobreajuste, la normalización de los datos de entrada y el uso de conjuntos de entrenamiento, validación y prueba. Estas consideraciones pueden variar dependiendo del problema específico y del enfoque utilizado.

Aplicaciones de las redes neuronales

Las redes neuronales han demostrado ser

extremadamente efectivas en una amplia gama de aplicaciones de inteligencia artificial. En esta sección, exploraremos algunas de las aplicaciones más destacadas de las redes neuronales en campos como el reconocimiento de imágenes, el procesamiento de lenguaje natural, la traducción automática, la medicina y la robótica.

En el reconocimiento de imágenes, las redes neuronales convolucionales han logrado avances significativos al permitir la detección y clasificación precisa de objetos en imágenes y videos. Han sido utilizadas en aplicaciones de reconocimiento facial, detección de objetos en tiempo real, análisis de imágenes médicas y mucho más.

En el procesamiento de lenguaje natural, las redes neuronales recurrentes han demostrado su eficacia en tareas como el análisis de sentimientos, la generación de texto y la traducción automática. Estas redes pueden capturar patrones y dependencias secuenciales en el texto, lo que les permite comprender y generar lenguaje humano de manera más natural [2].

En el campo médico, las redes neuronales se utilizan en diversas aplicaciones, como el diagnóstico médico asistido por computadora. Por ejemplo, se han desarrollado redes neuronales capaces de detectar y clasificar enfermedades a partir de imágenes de resonancias magnéticas, mamografías y otros estudios médicos. Esto ha mejorado la precisión y la velocidad del diagnóstico, lo que puede conducir a tratamientos más efectivos.

En la robótica, las redes neuronales desempeñan un papel fundamental en el aprendizaje y control de robots. Las redes neuronales pueden ser entrenadas para realizar tareas complejas, como la navegación autónoma, la manipulación de objetos y el reconocimiento de gestos humanos. Esto permite a los robots adaptarse y responder de manera inteligente a su entorno.

Conclusiones

Las redes neuronales suponen una manera de trasladar lo poco que se conoce del proceso del pensamiento y aprendizaje humano al ámbito digital o electrónico. Es un campo en el que se está avanzando cada vez más rápido pero en el que todavía queda mucho camino por recorrer.

El traslado de esta tecnología a equipos robotizados y la articulación en ellos de tareas vinculadas a la percepción humana, como el reconocimiento e identificación de objetos, detección y evitación de obstáculos, comprensión del entorno y adaptabilidad al mismo, está facilitando la introducción de dicho equipos en entornos hasta hace poco impensables: cirugía, operaciones de rescate, militares, minería, trabajos de alto riesgo para el ser humano. El aumento de la precisión y de la velocidad de aprendizaje permitirá; en poco tiempo; incrementar la eficiencia y la rentabilidad de estos y otros procesos y nos permitirá avanzar aún más rápido en el desarrollo tecnológico.

Referencias bibliográficas del Capítulo 5

[1] Deng, L., Li, G., Han, S., Shi, L., & Xie, Y. (2020). Model compression and hardware acceleration for neural networks: A comprehensive survey. Proceedings of the IEEE, 108(4), 485-532.

[2] Tarwani, K. M., & Edem, S. (2017). Survey on recurrent neural network in natural language processing. Int. J. Eng. Trends Technol, 48(6), 301-304.

Capítulo   6
Procesamiento del lenguaje natural

> *"El lenguaje de hoy no es peor que el de ayer.*
> *Es más práctico. Como el mundo en*
> *que vivimos." – Noam Chomsky.*

En este sexto capítulo, exploraremos el fascinante campo del procesamiento del lenguaje natural (NLP, por sus siglas en inglés) y su aplicación en la inteligencia artificial. El NLP se ocupa de la interacción entre los seres humanos y las máquinas a través del lenguaje humano. Investigaremos cómo las técnicas de procesamiento del lenguaje natural han revolucionado la forma en que las máquinas comprenden y generan texto.

Introducción al procesamiento del lenguaje natural

Comenzaremos con una introducción al procesamiento del lenguaje natural, explicando su importancia y relevancia en la inteligencia artificial. Discutiremos los desafíos únicos que presenta el lenguaje humano en comparación con otros tipos de datos y cómo el procesamiento del lenguaje natural busca superar estos desafíos.

El procesamiento del lenguaje natural (NLP) es una rama de la inteligencia artificial que se ocupa de la interacción entre los seres humanos y las máquinas a través del lenguaje humano. En la actualidad, el NLP ha experimentado avances significativos gracias al desarrollo de algoritmos y técnicas de aprendizaje automático. Estas técnicas permiten a las máquinas comprender y generar texto de manera más precisa y eficiente.

El NLP se ha convertido en un área de investigación clave debido a su amplia aplicación en campos como la traducción automática, el análisis de sentimientos, la generación de resúmenes automáticos y la asistencia virtual. El objetivo principal del NLP es permitir que las máquinas procesen, comprendan y generen lenguaje natural de manera similar a como lo hacen los seres humanos.

Fundamentos del procesamiento del lenguaje natural

En esta sección, exploraremos los fundamentos del procesamiento del lenguaje natural. Discutiremos conceptos clave como la tokenización, que implica dividir el texto en unidades significativas, y el etiquetado gramatical, que asigna etiquetas a las palabras según su función gramatical.

También veremos técnicas como el análisis morfológico, que estudia la estructura y formación de las palabras, y el análisis sintáctico, que analiza la estructura gramatical de las oraciones. Estos fundamentos son fundamentales para comprender cómo las máquinas procesan y comprenden el lenguaje humano.

Para entender los fundamentos del procesamiento del lenguaje natural comenzaremos por la **tokenización**. Este proceso consiste en dividir el texto en unidades significativas, como palabras o frases. La tokenización es un paso fundamental en el procesamiento del lenguaje natural, ya que proporciona la base para el análisis y la comprensión del texto.

Una vez que el texto ha sido tokenizado, se lleva a cabo el etiquetado gramatical, que consiste en asignar etiquetas a las palabras según su función gramatical, como sustantivos, verbos, adjetivos, etc. Esto permite a las máquinas comprender la estructura gramatical y sintáctica de las oraciones.

Además del etiquetado gramatical, el análisis morfológico es otro aspecto importante del procesamiento del lenguaje natural. El análisis morfológico se refiere al estudio de la estructura y la formación de las palabras, incluyendo su raíz, prefijos y sufijos. Esta información es útil para comprender el significado y las relaciones entre las palabras en un texto.

Modelado del lenguaje

En esta sección, nos adentraremos en el modelado del lenguaje, que se refiere a la capacidad de las máquinas para predecir y generar texto coherente. Discutiremos modelos de lenguaje basados en estadísticas y modelos basados en aprendizaje profundo, como las redes neuronales recurrentes

(RNN) y las transformadas (transformers).

Exploraremos cómo estos modelos son entrenados utilizando grandes cantidades de texto para aprender patrones y estructuras lingüísticas, lo que les permite generar texto auténtico y responder a preguntas en lenguaje natural.

Dentro de este proceso debemos destacar el modelado del lenguaje, que se refiere a la capacidad de las máquinas para predecir y generar texto coherente. El modelado del lenguaje es fundamental para aplicaciones como la generación automática de texto, la corrección gramatical y la detección de spam.

Existen dos enfoques principales para el modelado del lenguaje: los modelos basados en estadísticas y los modelos basados en aprendizaje profundo. Los modelos basados en estadísticas, como los modelos de n-gramas, utilizan la frecuencia de ocurrencia de secuencias de palabras en un corpus de entrenamiento para predecir la probabilidad de una palabra dada una secuencia anterior.

Por otro lado, los modelos basados en aprendizaje profundo, como las redes neuronales recurrentes (RNN) y las transformadas (transformers), han demostrado ser altamente efectivos en el modelado del lenguaje. Estos modelos capturan las dependencias a largo plazo en el texto y son capaces de generar texto coherente y fluido.

El enfoque más reciente y exitoso en el modelado del lenguaje es el Transformer, introducido por Vaswani et al. (2017) [1]. Este modelo utiliza la autoatención para capturar las relaciones entre las palabras en un texto y ha demostrado un rendimiento sobresaliente en diversas tareas de procesamiento del lenguaje natural, como la traducción automática y la generación de texto.

Aplicaciones del procesamiento del lenguaje natural

En esta sección, examinaremos algunas de las aplicaciones más destacadas del procesamiento del lenguaje natural en la inteligencia artificial. Discutiremos el reconocimiento de voz y la transcripción automática, que permiten a las máquinas convertir el habla en texto.

Dentro de las aplicaciones más destacables tenemos la traducción automática, que utiliza técnicas de procesamiento del lenguaje natural para traducir texto de un idioma a otro, y los chatbots y asistentes virtuales, que utilizan técnicas de procesamiento del lenguaje natural para interactuar con los usuarios de manera conversacional y proporcionar respuestas relevantes.

Además, estos sistemas permiten realizar el análisis de sentimientos, que implica determinar la actitud emocional expresada en un texto, hasta el punto de que el procesamiento del lenguaje natural ha permitido el desarrollo de herramientas capaces de analizar grandes cantidades de comentarios en redes sociales para extraer información sobre la opinión pública.

Otra aplicación importante es la extracción de información, que consiste en identificar y clasificar entidades y relaciones en el texto. Esto es útil en áreas como el procesamiento de documentos legales, la identificación de nombres de personas y lugares en noticias y la creación de bases de conocimiento a partir de fuentes textuales [2].

Como puede verse el procesamiento del lenguaje natural tiene numerosas aplicaciones en diversos campos. Nos pararemos un poco más en algunas de las aplicaciones más destacadas.

Una de las aplicaciones más comunes del procesamiento del lenguaje natural es la traducción automática. Los sistemas de traducción automática utilizan algoritmos de NLP para traducir automáticamente el texto de un idioma a otro. Estos sistemas han mejorado significativamente en los últimos años, gracias a los avances en el modelado del lenguaje y las redes neuronales.

Otra aplicación importante es la extracción de información. El procesamiento del lenguaje natural se utiliza para identificar y extraer información específica de un texto, como nombres de personas, lugares o eventos. Esto es especialmente útil en el análisis de grandes cantidades de datos no estructurados, como noticias o documentos legales [3].

Como se ha visto anteriormente el análisis de sentimientos es otra área de aplicación del procesamiento del lenguaje natural. Consiste en determinar la polaridad emocional de un texto, es decir, si expresa sentimientos positivos, negativos o neutros. Esta técnica es utilizada en redes sociales y comentarios en línea para medir la opinión pública sobre ciertos productos, eventos o temas [4].

También se utiliza el procesamiento del lenguaje

natural en asistentes virtuales y chatbots. Estos sistemas utilizan técnicas de NLP para interactuar con los usuarios de manera conversacional y proporcionar respuestas relevantes.

Desafíos y consideraciones éticas

En esta sección, abordaremos los desafíos y consideraciones éticas asociados con el procesamiento del lenguaje natural en la inteligencia artificial. Discutiremos la privacidad y la seguridad de los datos lingüísticos, así como los sesgos y prejuicios que pueden surgir en los modelos de procesamiento del lenguaje natural y cómo abordarlos.

También exploraremos las implicaciones éticas del uso del procesamiento del lenguaje natural en áreas como la generación automática de noticias falsas y el riesgo de manipulación de la información.

A pesar de los avances en el procesamiento del lenguaje natural, existen desafíos importantes que deben abordarse. Uno de los desafíos es la privacidad y seguridad de los datos lingüísticos. El procesamiento del lenguaje natural implica el análisis de grandes cantidades de texto, lo que puede plantear preocupaciones sobre la privacidad y el uso indebido de la información personal.

Además, los modelos de procesamiento del lenguaje natural pueden estar sujetos a sesgos y prejuicios inherentes en los datos de entrenamiento. Estos sesgos pueden tener consecuencias negativas, como la discriminación o la propagación de estereotipos. Es importante abordar estos sesgos y garantizar que los modelos sean justos e imparciales.

Otro desafío ético es la generación automática de noticias falsas. El procesamiento del lenguaje natural ha hecho posible crear textos falsos que pueden engañar a las personas y difundir información errónea. Es fundamental desarrollar técnicas de detección de noticias falsas y promover la responsabilidad en el uso de estas tecnologías.

A pesar de los avances significativos en el procesamiento del lenguaje natural, existen desafíos y consideraciones éticas importantes que debemos abordar.

En primer lugar, uno de los desafíos más prominentes es la privacidad y la seguridad de los datos lingüísticos. Al procesar grandes cantidades de texto, es crucial garantizar la protección de la información personal y confidencial contenida en los documentos. Los investigadores y desarrolladores deben implementar medidas de seguridad robustas para salvaguardar la privacidad de los usuarios y evitar el acceso no autorizado a los datos sensibles.

Además, otro desafío clave es la presencia de sesgos y prejuicios en los modelos de procesamiento del lenguaje natural. Dado que estos modelos se entrenan con grandes conjuntos de datos textuales, existe el riesgo de que reflejen los sesgos y prejuicios inherentes en esos datos. Esto puede llevar a resultados injustos o discriminatorios en aplicaciones como la toma de decisiones automatizadas o la selección de candidatos. Es fundamental abordar este problema mediante la creación de conjuntos de datos más equilibrados y técnicas de mitigación de sesgos.

La generación de noticias falsas es otro desafío que

enfrenta el procesamiento del lenguaje natural. Con la capacidad de generar texto automáticamente, existe la posibilidad de que se difunda información falsa o engañosa a gran escala. Esto puede tener consecuencias significativas en la sociedad, socavando la confianza en los medios de comunicación y afectando la toma de decisiones informadas. Es esencial desarrollar herramientas y técnicas efectivas para detectar y combatir la propagación de noticias falsas en tiempo real.

Además de estos desafíos técnicos, también debemos considerar las implicaciones éticas del procesamiento del lenguaje natural. La transparencia en los algoritmos y la explicabilidad de los resultados son aspectos clave que deben abordarse. Es importante que los sistemas de procesamiento del lenguaje natural sean comprensibles y transparentes para que los usuarios puedan entender cómo se toman las decisiones y confiar en los resultados obtenidos.

En conclusión, el procesamiento del lenguaje natural en la inteligencia artificial presenta desafíos importantes, tanto técnicos como éticos. Sin embargo, al abordar estos desafíos y consideraciones de manera responsable, podemos aprovechar el potencial de esta disciplina para mejorar la comunicación entre humanos y máquinas, facilitar la interacción y brindar beneficios significativos en diversos campos de aplicación.

Conclusiones

En este capítulo, hemos explorado el fascinante campo del procesamiento del lenguaje natural y su relevancia en el desarrollo de la inteligencia artificial. Hemos analizado los fundamentos del procesamiento del lenguaje natural, incluyendo la tokenización, el etiquetado gramatical y el análisis morfológico, como elementos clave para comprender y procesar el texto de manera efectiva [5].

Además, hemos examinado el modelado del lenguaje, destacando tanto los enfoques estadísticos tradicionales, como los modelos basados en aprendizaje profundo, como las redes neuronales recurrentes y las transformadas. Estos modelos han demostrado un gran potencial en la generación de texto coherente y en la comprensión del lenguaje natural.

Asimismo, hemos explorado algunas de las aplicaciones más destacadas del procesamiento del lenguaje natural, como la traducción automática, la extracción de información, el análisis de sentimientos y los asistentes virtuales. Estas aplicaciones tienen un impacto significativo en diversos campos y facilitan la interacción entre los seres humanos y las máquinas.

No obstante, también hemos abordado los desafíos y las consideraciones éticas asociadas al procesamiento del lenguaje natural. La privacidad y seguridad de los datos lingüísticos, la presencia de sesgos y prejuicios en los modelos y la generación de noticias falsas son temas cruciales que requieren atención y soluciones responsables.

En conclusión, el procesamiento del lenguaje natural desempeña un papel fundamental en el desarrollo de la inteligencia artificial. A través de su capacidad para comprender y generar lenguaje humano, se han logrado avances significativos en diversas aplicaciones y se ha mejorado la interacción entre humanos y máquinas. Sin embargo, es esencial abordar los desafíos éticos y garantizar el uso responsable de estas tecnologías para beneficiar a la sociedad en su conjunto.

Referencias bibliográficas del Capítulo 6

[1] Vaswani, A., Shazeer, N., Parmar, N., Uszkoreit, J., Jones, L., Gomez, A. N., et al. (2017). Attention is all you need. In Advances in neural information processing systems (pp. 5998-6008).

[2] Jurafsky, D., & Martin, J. H. (2019). Speech and language processing. Pearson.

[3] Manning, C. D., & Schütze, H. (1999). Foundations of statistical natural language processing. MIT Press.

[4] Goldberg, Y. (2017). Neural network methods for natural language processing. Synthesis Lectures on Human Language Technologies, 10(1), 1-309.

[5] Ruder, S., & Howard, J. (2018). Universal language model fine-tuning for text classification. In Proceedings of the 56th Annual Meeting of the Association for Computational Linguistics (Volume 1: Long Papers) (pp. 328-339).

Capítulo   7

Visión por computador

*"La información solo es útil cuando es
comprendida" – Muriel Cooper.*

La visión por computadora es una rama de la
inteligencia artificial que se centra en la capacidad de las
máquinas para interpretar y comprender el mundo visual de
la misma manera que lo hacen los seres humanos. Es un
campo interdisciplinario que combina elementos de la visión
artificial, el procesamiento de imágenes, el aprendizaje
automático y la percepción computacional. En este capítulo,
exploraremos los fundamentos y avances recientes en la visión
por computadora y su papel en el desarrollo de la inteligencia
artificial.

Fundamentos de la visión por computadora

La visión por computadora se basa en la extracción de
características y el reconocimiento de patrones en imágenes y
videos. Uno de los enfoques clave en este campo es el análisis
de características locales, como bordes, esquinas y texturas,
que proporcionan información sobre la estructura y los
detalles de una imagen. Para ello, se utilizan algoritmos de
detección y descripción de características, como el algoritmo
de detección de características de Harris [1] y el algoritmo
SIFT (Scale-Invariant Feature Transform) [2].

Además del análisis de características locales, la visión

por computadora también se ocupa del reconocimiento de objetos y la detección de patrones a nivel global. Esto implica la utilización de algoritmos de aprendizaje automático, como las redes neuronales convolucionales (CNN), que han demostrado un rendimiento sobresaliente en tareas de clasificación y detección de objetos [3].

Estas redes se entrenan con **grandes conjuntos de datos** etiquetados y aprenden a reconocer características y patrones complejos en las imágenes.

Aplicaciones de la visión por computadora

La visión por computadora tiene numerosas aplicaciones en diversos campos. Una de las áreas más destacadas es la detección y reconocimiento de objetos en imágenes y videos. Esto ha llevado al desarrollo de sistemas de reconocimiento facial, que se utilizan en aplicaciones de seguridad, como el control de acceso biométrico y la vigilancia. Estos sistemas utilizan algoritmos de aprendizaje automático para identificar y verificar caras en tiempo real [4].

Otra aplicación importante de la visión por computadora es la conducción autónoma. Los vehículos autónomos utilizan cámaras y sensores para interpretar el entorno y tomar decisiones en tiempo real. La visión por computadora permite a estos vehículos detectar y reconocer señales de tráfico, peatones, obstáculos y otros vehículos, lo que es fundamental para la seguridad y el funcionamiento eficiente de los sistemas de conducción autónoma [5].

Además, la visión por computadora se utiliza en aplicaciones médicas, como el diagnóstico por imágenes y la detección temprana de enfermedades. Los algoritmos de visión por computadora pueden analizar imágenes médicas, como radiografías y resonancias magnéticas, para identificar anomalías y ayudar a los médicos en el diagnóstico y tratamiento [6].

Desafíos y avances recientes

A pesar de los avances significativos en la visión por computadora, todavía existen varios desafíos en este campo. Uno de ellos es la comprensión del contexto y la interpretación de escenarios complejos. Aunque los algoritmos actuales pueden identificar objetos individuales, la comprensión contextual, como el reconocimiento de escenas y la comprensión de la relación entre objetos, sigue siendo algo complejo para abordar. Los investigadores están trabajando en el desarrollo de modelos y algoritmos más avanzados que puedan capturar mejor el contexto y mejorar la comprensión de las escenas complejas [7].

Otro desafío importante es la robustez y la generalización de los algoritmos de visión por computadora. Los sistemas de visión por computadora a menudo se entrenan con conjuntos de datos específicos y pueden tener dificultades para adaptarse a nuevas condiciones y entornos. Por ejemplo, un algoritmo entrenado para reconocer objetos en imágenes de estudio puede tener dificultades para reconocer objetos en condiciones de iluminación o perspectiva diferentes. Los investigadores están trabajando en técnicas de regularización y enfoques de aprendizaje transferible para mejorar la robustez y la generalización de los modelos de visión por computadora [8].

En los últimos años, ha habido avances significativos en el campo de la visión por computadora, impulsados por el aprendizaje profundo y las redes neuronales convolucionales. Estas arquitecturas han demostrado un rendimiento excepcional en tareas de visión por computadora, superando incluso a los métodos tradicionales. Por ejemplo, el modelo de red neuronal convolucional conocido como ResNet ha logrado resultados sobresalientes en competiciones de reconocimiento de objetos, como ImageNet [9]. Además, las redes neuronales generativas, como las redes generativas adversarias (GAN), han permitido generar imágenes realistas y sintéticas, lo que tiene implicaciones tanto en la generación de contenido visual como en la manipulación de imágenes [10].

La visión por computadora también se ha beneficiado de los avances en el procesamiento de imágenes y la tecnología de sensores. El aumento en la resolución de las cámaras, la mejora en la calidad de imagen y la disponibilidad de técnicas de captura de imágenes en 3D han permitido un análisis más detallado y preciso de las imágenes. Además, la incorporación de sensores como el LiDAR (Light Detection and Ranging) ha mejorado la percepción del entorno y ha facilitado el reconocimiento de objetos en aplicaciones como la conducción autónoma [11].

Conclusiones

Como se ha podido ver en este capitulo todavía queda mucho trabajo por hacer en el campo de la visión artificial pero aún con todo estamos ya en un momento en que la industria y el mercado en general puede sacar rendimiento de estos avances. No es de extrañar por ello que en campos tan dispares como la arqueología, la criminología, la conducción de vehículos, el pilotaje de drones, la seguridad, entre otros, ya estén aplicando esta tecnología.

Al mismo tiempo ese mismo uso cada vez más intensivo del procesado de imágenes, aumenta la velocidad de avance de la eficacia en este campo. Herramientas que se han ofrecido al público en general como las vinculadas al tratamiento intensivo de fotografías o imágenes como DALL-e, Midjourney, Stable Diffusion, y otras muchas, permiten a estos motores de procesamiento masivos alcanzar ítems de entrada, para su aprendizaje, que superan a los que individualmente podrían alcanzar. El transformar a los propios usuarios en facilitadores de "entradas" de datos, ha supuesto una posibilidad de crecimiento que la industria no está dispuesta a desaprovechar.

Referencias bibliográficas del Capítulo 7

[1] Harris, C., & Stephens, M. (1988). A combined corner and edge detector. Proceedings of the 4th Alvey Vision Conference, 147-151.

[2] Lowe, D. G. (2004). Distinctive image features from scale-invariant keypoints. International Journal of Computer Vision, 60(2), 91-110.

[3] Krizhevsky, A., Sutskever, I., & Hinton, G. E. (2012). ImageNet classification with deep convolutional neural networks. Advances in Neural Information Processing Systems, 25, 1097-1105.

[4] Viola, P., & Jones, M. (2004). Robust real-time face detection. International Journal of Computer Vision, 57(2), 137-154.

[5] Bojarski, M., Del Testa, D., Dworakowski, D., Firner, B., Flepp, B., Goyal, P., ... & Zhang, X. (2016). End to end learning for self-driving cars. arXiv preprint arXiv:1604.07316.

[6] Litjens, G., Kooi, T., Bejnordi, B. E., Setio, A. A. A., Ciompi, F., Ghafoorian, M., ... & Sánchez, C. I. (2017). A survey on deep learning in medical image analysis. Medical Image Analysis, 42, 60-88.

[7] Zhao, H., Shi, J., Qi, X., Wang, X., & Jia, J. (2017). Pyramid scene parsing network. Proceedings of the IEEE Conference on Computer Vision and Pattern Recognition, 2881-2890.

[8] Zhang, Z., Luo, P., Loy, C. C., & Tang, X. (2018). Learning to navigate for fine-grained classification. Proceedings of the IEEE Conference on Computer Vision and Pattern Recognition, 1048-1057.

[9] He, K., Zhang, X., Ren, S., & Sun, J. (2016). Deep residual learning for image recognition. Proceedings of the IEEE Conference on Computer Vision and Pattern Recognition, 770-778.

[10] Goodfellow, I., Pouget-Abadie, J., Mirza, M., Xu, B., Warde-Farley, D., Ozair, S., ... & Bengio, Y. (2014). Generative adversarial nets. Advances in Neural Information Processing Systems, 27, 2672-2680.

[11] Geiger, A., Lenz, P., & Urtasun, R. (2012). Are we ready for autonomous driving? The KITTI vision benchmark suite. Proceedings of the IEEE Conference on Computer Vision and Pattern Recognition, 3354-3361.

Parte 3: Herramientas de la Inteligencia Artificial

Capítulo   8
Plataformas y herramientas de Aprendizaje Automático

> *"Si tu única herramienta es un martillo, tiendes*
> *a tratar cada problema como si fuera*
> *un clavo"— Abraham Maslow*

El aprendizaje automático es una disciplina fundamental en el campo de la inteligencia artificial, que se centra en el desarrollo de algoritmos y modelos capaces de aprender y mejorar automáticamente a partir de datos. Para facilitar la implementación y el desarrollo de soluciones de aprendizaje automático, se han creado diversas plataformas y herramientas que proporcionan un entorno de trabajo eficiente y accesible. En este capítulo, exploraremos las principales plataformas y herramientas de aprendizaje automático, así como sus características y aplicaciones.

Plataformas de Aprendizaje Automático

Las plataformas de aprendizaje automático son entornos integrados que ofrecen una variedad de herramientas y recursos para el desarrollo de modelos de aprendizaje automático. Estas plataformas proporcionan una interfaz intuitiva y fácil de usar, así como una infraestructura escalable para el procesamiento y análisis de datos. A continuación, se presentarán algunas de las plataformas más destacadas en el campo del aprendizaje automático.

1. TensorFlow

TensorFlow es una de las plataformas más populares y ampliamente utilizadas en el campo del aprendizaje automático. Desarrollada por Google, TensorFlow ofrece un entorno flexible y de alto rendimiento para la construcción y entrenamiento de modelos de aprendizaje automático. La plataforma se basa en un modelo de grafo computacional, donde las operaciones se representan como nodos y los datos se representan como tensores. Esto permite un procesamiento eficiente de grandes volúmenes de datos y un fácil despliegue en diferentes plataformas y dispositivos. TensorFlow ofrece una amplia gama de herramientas y bibliotecas para tareas de aprendizaje automático, como la construcción de redes neuronales, el procesamiento de imágenes y el procesamiento del lenguaje natural [1].

2. PyTorch

PyTorch es otra plataforma popular en el campo del aprendizaje automático, desarrollada por Facebook (Meta). A diferencia de TensorFlow, PyTorch se basa en un modelo de grafo dinámico, lo que significa que los grafos se construyen y modifican de manera dinámica durante la ejecución. Esto proporciona flexibilidad y facilita el desarrollo de modelos complejos. PyTorch se ha convertido en una opción preferida para muchos investigadores y profesionales debido a su naturaleza intuitiva y su capacidad para realizar operaciones más complejas en tiempo real. La plataforma también cuenta con una comunidad activa que contribuye con una amplia gama de bibliotecas y extensiones, lo que la convierte en una opción versátil para diversas aplicaciones de aprendizaje automático [2].

3. Microsoft Azure Machine Learning

Microsoft Azure Machine Learning es una plataforma de aprendizaje automático en la nube que proporciona herramientas y servicios para desarrollar, entrenar y desplegar modelos de aprendizaje automático a escala. Esta plataforma ofrece una interfaz de usuario fácil de usar que permite a los usuarios crear flujos de trabajo de aprendizaje automático sin necesidad de experiencia en programación. Además, Azure Machine Learning cuenta con una amplia variedad de algoritmos y modelos predefinidos, así como capacidades de automatización y administración de recursos. También permite integraciones con otras herramientas y servicios de Microsoft, como Azure Databricks y Azure Cognitive Services, lo que facilita la creación de soluciones de inteligencia artificial completas [3].

Herramientas de Aprendizaje Automático

Además de las plataformas de aprendizaje automático, existen numerosas herramientas y bibliotecas que son ampliamente utilizadas por la comunidad de investigadores y profesionales del campo. Estas herramientas ofrecen funcionalidades específicas y permiten el desarrollo eficiente de modelos de aprendizaje automático. A continuación, presentaremos algunas de las herramientas más relevantes.

1. Scikit-learn

Scikit-learn es una biblioteca de aprendizaje automático en Python que ofrece una amplia gama de algoritmos y herramientas para tareas de aprendizaje supervisado y no supervisado. Esta biblioteca es muy utilizada debido a su simplicidad y facilidad de uso, lo que la convierte en una opción popular tanto para principiantes como para expertos en aprendizaje automático. Scikit-learn proporciona implementaciones eficientes de algoritmos como regresión lineal, clasificación, agrupamiento y selección de características, así como herramientas para la evaluación de modelos y la validación cruzada [4].

2. Keras

Keras es una biblioteca de alto nivel para el desarrollo de redes neuronales en Python. Esta herramienta proporciona una interfaz de usuario sencilla y expresiva para la construcción y entrenamiento de modelos de aprendizaje profundo. Keras se basa en TensorFlow y permite el desarrollo rápido de modelos mediante la combinación de capas predefinidas y personalizadas. La biblioteca ofrece soporte para una amplia gama de arquitecturas de redes neuronales, incluyendo redes convolucionales, redes recurrentes y redes generativas. Keras también incluye utilidades para la visualización de modelos, la administración de conjuntos de datos y el ajuste de hiperparámetros [5].

3. OpenCV

OpenCV (Open Source Computer Vision Library) es una biblioteca de visión por computadora ampliamente utilizada en aplicaciones de aprendizaje automático. OpenCV proporciona una amplia variedad de funciones y algoritmos para el procesamiento de imágenes y videos, incluyendo detección de características, segmentación, seguimiento de objetos y reconocimiento de patrones. Esta biblioteca es conocida por su eficiencia y facilidad de uso, y cuenta con interfaces para varios lenguajes de programación, incluyendo Python y C++. OpenCV se utiliza en numerosas aplicaciones de visión por computadora y es especialmente relevante en el contexto del aprendizaje automático debido a su capacidad para preprocesar y manipular datos visuales [6].

Aplicaciones de las Plataformas y Herramientas de Aprendizaje Automático

Las plataformas y herramientas de aprendizaje automático tienen aplicaciones en una amplia gama de campos y sectores. Algunas de las aplicaciones más destacadas incluyen:

1. Análisis de datos y predicción

Las plataformas y herramientas de aprendizaje automático se utilizan en el análisis de datos y la predicción en una variedad de industrias. Estas herramientas permiten a las organizaciones procesar grandes volúmenes de datos y extraer información valiosa para la toma de decisiones. Por ejemplo, en el ámbito financiero, las plataformas y herramientas de aprendizaje automático se utilizan para analizar datos económicos, identificar patrones y tendencias, y realizar pronósticos financieros. Esto ayuda a las instituciones financieras a tomar decisiones informadas sobre inversiones, riesgos y estrategias comerciales.

En el campo de la salud, estas herramientas se utilizan para analizar datos médicos y genómicos, identificar patrones de enfermedades, desarrollar modelos predictivos de diagnóstico y tratamiento, y realizar investigaciones en medicina personalizada. El aprendizaje automático también se aplica en la detección temprana de enfermedades, el descubrimiento de fármacos y la gestión de registros médicos electrónicos.

2. Reconocimiento de voz y procesamiento del lenguaje natural

Las plataformas y herramientas de aprendizaje automático son fundamentales en el reconocimiento de voz y el procesamiento del lenguaje natural. Se utilizan en aplicaciones como los asistentes virtuales, la transcripción automática de voz, la traducción automática, el análisis de sentimientos en redes sociales y la generación de texto automático. Estas herramientas permiten una interacción más natural entre humanos y computadoras, facilitando tareas como la búsqueda de información, la atención al cliente y la automatización de tareas basadas en texto o voz.

3. Visión por computadora y reconocimiento de objetos

Las plataformas y herramientas de aprendizaje automático desempeñan un papel fundamental en la visión por computadora y el reconocimiento de objetos. Se utilizan en aplicaciones como la detección de objetos en imágenes y videos, el reconocimiento facial, el etiquetado automático de imágenes, la conducción autónoma y la realidad aumentada. Estas herramientas permiten a las máquinas comprender y procesar información visual de manera similar a los seres humanos, lo que tiene aplicaciones en campos como la seguridad, la industria automotriz, el comercio electrónico y los juegos.

4. Personalización y recomendación

Las plataformas y herramientas de aprendizaje automático se utilizan para personalizar y mejorar las recomendaciones en diferentes industrias. Por ejemplo, en el comercio electrónico, se utilizan algoritmos de aprendizaje automático para analizar el comportamiento del usuario, sus preferencias y patrones de compra, con el fin de ofrecer recomendaciones de productos relevantes y personalizadas. Del mismo modo, en servicios de transmisión de contenido, como Netflix o Spotify, se utilizan algoritmos de aprendizaje automático para analizar los hábitos de consumo y ofrecer recomendaciones de películas, series o canciones adaptadas a los gustos y preferencias individuales de cada usuario.

Estas son solo algunas de las muchas aplicaciones de las plataformas y herramientas de aprendizaje automático. Su versatilidad y capacidad para procesar grandes volúmenes de datos, extraer patrones y realizar predicciones precisas hacen que sean ampliamente utilizadas en diversas áreas, desde la investigación científica y la industria hasta la atención médica y la tecnología.

Conclusiones

El contenido de este capítulo es solo una muestra de algunas de las herramientas que actualmente se pueden emplear para sacar partido al aprendizaje automático. Debido a la explosión que la IA está teniendo en nuestros días, cada semana aparecen plataformas que aprovechan estas y otras funcionalidades y que permiten que los usuarios más noveles en estos temas puedan aprender rápidamente a usar estas herramientas y comiencen a aplicarlas en sus propios proyectos.

A partir de esta muestra el lector podrá sumergirse en Internet y; por similitud; acotar las búsquedas que le proporcionen la aplicación o utilidad más eficiente para aquello que necesita. A día de hoy nos movemos en un entorno cambiante que requiere, en ocasiones, recurrir a la prueba y el error hasta encontrar aquella utilidad que encaje menor en lo que necesitamos en un momento dado.

Referencias bibliográficas del Capítulo 8

[1] Abadi, M., Agarwal, A., Barham, P., Brevdo, E., Chen, Z., Citro, C., ... & Zheng, X. (2016). TensorFlow: Large-scale machine learning on heterogeneous systems. Software available from tensorflow.org.

[2] Paszke, A., Gross, S., Massa, F., Lerer, A., Bradbury, J., Chanan, G., ... & Desmaison, A. (2019). PyTorch: An imperative style, high-performance deep learning library. Advances in Neural Information Processing Systems, 32, 8026-8037.

[3] Microsoft Azure Machine Learning. (2021). Recuperado de https://azure.microsoft.com/en-us/services/machine-learning/

[4] Pedregosa, F., Varoquaux, G., Gramfort, A., Michel, V., Thirion, B., Grisel, O., ... & Vanderplas, J. (2011). Scikit-learn: Machine learning in Python. Journal of Machine Learning Research, 12, 2825-2830.

[5] Chollet, F., et al. (2015). Keras. GitHub repository, https://github.com/keras-team/keras

[6] Bradski, G. (2000). The OpenCV Library. Dr. Dobb's Journal of Software Tools. Recuperado de https://www.drdobbs.com/open-source/the-opencv-library/184404319

Capítulo   9
Bibliotecas de código abierto para Redes Neuronales.

"La biblioteca destinada a la educación universal, es más poderosa que nuestros ejércitos." — José de San Martín

Las redes neuronales son uno de los pilares fundamentales de la inteligencia artificial. Estas estructuras computacionales están inspiradas en el funcionamiento del cerebro humano y son capaces de aprender y realizar tareas complejas mediante el procesamiento de datos. Para implementar redes neuronales de manera eficiente, existen diversas bibliotecas de código abierto que ofrecen herramientas y funciones especializadas. En este capítulo, exploraremos algunas de las bibliotecas más populares y utilizadas en el ámbito de las redes neuronales. Algunas de las cuales las hemos visto ya en el capítulo anterior como herramientas habituales en la IA, otras sirven específicamente para el propósito que nos ocupa en este capítulo. En todo caso las veremos desde el punto de vista de las redes neuronales.

1. TensorFlow

TensorFlow [1][7] es una de las bibliotecas de código abierto más ampliamente utilizadas en el campo del aprendizaje profundo. Desarrollada por el equipo de Google Brain, TensorFlow proporciona una plataforma flexible y escalable para la construcción y entrenamiento de redes neuronales. Su arquitectura se basa en el concepto de grafos computacionales, donde los nodos representan operaciones matemáticas y los bordes representan los datos que fluyen entre ellos.

La fortaleza de TensorFlow radica en su capacidad para trabajar con grandes volúmenes de datos y modelos complejos. Además, cuenta con una amplia gama de APIs que permiten implementar redes neuronales en diferentes niveles de abstracción, desde modelos de bajo nivel hasta APIs de alto nivel como Keras [5], que simplifican el proceso de desarrollo. TensorFlow es compatible con múltiples lenguajes de programación, incluyendo Python y C++, lo que lo hace accesible para una amplia comunidad de desarrolladores.

2. PyTorch

PyTorch [2][9] es otra biblioteca de aprendizaje automático de código abierto ampliamente utilizada que se centra en la simplicidad y la flexibilidad. Desarrollada por Facebook AI Research, PyTorch utiliza un enfoque basado en tensores dinámicos, lo que significa que los tensores pueden cambiar de tamaño durante la ejecución del programa. Esto proporciona una mayor flexibilidad para el diseño de modelos y permite un flujo de trabajo más intuitivo y experimental.

Una de las características destacadas de PyTorch es su capacidad para crear gráficos computacionales de manera imperativa, lo que facilita la depuración y el desarrollo iterativo. Además, PyTorch tiene una curva de aprendizaje más suave para los principiantes debido a su sintaxis más simple y legible. La biblioteca también proporciona una interfaz de alto nivel llamada TorchVision para la visión por computadora y TorchText para el procesamiento del lenguaje natural.

3. Keras

Keras [5] es una biblioteca de aprendizaje profundo de alto nivel que se ejecuta sobre otras bibliotecas de bajo nivel como TensorFlow y Theano. Su objetivo principal es proporcionar una interfaz sencilla y amigable para la construcción y entrenamiento de redes neuronales. Keras se centra en la facilidad de uso, la modularidad y la extensibilidad.

Una de las ventajas de Keras es su enfoque en el diseño de modelos mediante capas. Permite a los desarrolladores crear redes neuronales de forma secuencial o mediante grafos más complejos. Keras también ofrece una amplia gama de capas predefinidas y funciones de activación, lo que facilita la construcción de arquitecturas personalizadas. Además, Keras proporciona una variedad de algoritmos de optimización, funciones de pérdida y métricas de evaluación para facilitar el proceso de entrenamiento y evaluación de modelos.

La simplicidad y la flexibilidad de Keras la convierten en una opción popular tanto para principiantes como para expertos en el campo del aprendizaje profundo. Además, su integración con bibliotecas de bajo nivel como TensorFlow permite combinar la facilidad de uso de Keras con la potencia y la eficiencia de las bibliotecas subyacentes.

4. Caffe

Caffe [3][6] es una biblioteca de aprendizaje profundo desarrollada por el equipo de investigación de inteligencia artificial de Berkeley (BAIR). Se caracteriza por su enfoque en la velocidad y la eficiencia, lo que lo hace especialmente adecuado para aplicaciones de tiempo real y dispositivos con recursos limitados. Caffe utiliza una estructura basada en grafos llamada "blobs" para representar y manipular datos.

Una de las principales fortalezas de Caffe es su capacidad para aprovechar el procesamiento en paralelo en GPUs, lo que acelera significativamente el entrenamiento y la inferencia de redes neuronales. Caffe también se destaca por su facilidad de uso y su enfoque en la reutilización de modelos preentrenados, lo que permite a los desarrolladores beneficiarse de modelos de aprendizaje profundo de vanguardia sin tener que entrenarlos desde cero.

5. Theano

Theano [4] es una biblioteca de aprendizaje profundo de código abierto desarrollada por el grupo de aprendizaje profundo de la Universidad de Montreal. Aunque Theano ha sido superado en popularidad por TensorFlow y PyTorch en los últimos años, sigue siendo una herramienta valiosa para la implementación de redes neuronales.

Theano proporciona una interfaz para definir y optimizar expresiones matemáticas simbólicas, lo que permite la construcción eficiente de modelos de aprendizaje profundo. La biblioteca también se beneficia de la optimización automática de código, lo que la hace eficiente en términos de tiempo de ejecución y uso de recursos computacionales. Si bien Theano no se actualiza activamente, ha sentado las bases para muchas de las bibliotecas de aprendizaje profundo modernas y ha contribuido significativamente al avance del campo.

6. MXNet

MXNet [11] es una biblioteca de aprendizaje profundo desarrollada por Apache. Se destaca por su eficiencia y escalabilidad, lo que la hace especialmente adecuada para el entrenamiento y la inferencia distribuida en múltiples dispositivos. MXNet ofrece una interfaz flexible para la creación de modelos y admite múltiples lenguajes de programación, incluidos Python, R, Scala y C++.

Una de las características sobresalientes de MXNet es su capacidad para aprovechar la arquitectura de cómputo heterogéneo, que permite distribuir el procesamiento en diferentes dispositivos, como CPUs y GPUs, para acelerar el rendimiento. Además, MXNet proporciona una amplia gama de operaciones y bloques de construcción para la creación de modelos de aprendizaje profundo, así como herramientas para la visualización y el monitoreo del progreso del entrenamiento.

7. Torch

Torch [8][12] es una biblioteca de aprendizaje profundo desarrollada por el laboratorio de inteligencia artificial de

Facebook (Meta). Torch se basa en el lenguaje de programación Lua y ofrece una interfaz fácil de usar para la construcción y el entrenamiento de redes neuronales. Una de las características distintivas de Torch es su enfoque en el cómputo numérico eficiente utilizando tensores.

Torch proporciona una amplia gama de módulos y paquetes para la construcción de modelos de aprendizaje profundo, así como herramientas para la manipulación y visualización de datos. Además, Torch cuenta con una comunidad activa de desarrolladores y científicos de datos que contribuyen con módulos y extensiones adicionales, lo que enriquece aún más su funcionalidad y flexibilidad.

8. TensorFlow.js

TensorFlow.js [13] es una versión de TensorFlow [7] diseñada específicamente para la implementación de modelos de aprendizaje profundo en navegadores web y entornos basados en JavaScript. Permite la ejecución de inferencia de modelos directamente en el navegador, lo que abre la puerta a aplicaciones de inteligencia artificial en línea y en tiempo real.

TensorFlow.js proporciona una API amigable para la construcción y ejecución de modelos en el navegador, lo que permite a los desarrolladores aprovechar la potencia del aprendizaje profundo sin necesidad de utilizar bibliotecas externas o realizar llamadas a servidores remotos. Además, TensorFlow.js admite la transferencia de modelos entrenados previamente desde otras bibliotecas de TensorFlow, lo que facilita la implementación y el despliegue de modelos existentes en un entorno web.

Estas bibliotecas de código abierto ofrecen a los desarrolladores herramientas poderosas y flexibles para implementar redes neuronales y abordar diversos problemas en el campo de la inteligencia artificial. Ya sea para aplicaciones de aprendizaje profundo en grandes volúmenes de datos [10], para el desarrollo de modelos eficientes en tiempo real o para la implementación de modelos en navegadores web, estas bibliotecas proporcionan una base sólida y accesible para la construcción de sistemas de inteligencia artificial.

Conclusión

En conclusión, las bibliotecas de código abierto para redes neuronales proporcionan una base sólida y accesible para implementar modelos de aprendizaje profundo. Cada biblioteca tiene sus propias características, fortalezas y comunidades de usuarios, por lo que los desarrolladores pueden elegir la que mejor se adapte a sus necesidades y preferencias. Estas herramientas desempeñan un papel crucial en el avance de la inteligencia artificial. Estas bibliotecas de código abierto han contribuido significativamente al avance y la difusión de las redes neuronales en la comunidad de inteligencia artificial. Cada una tiene sus propias fortalezas y características únicas, lo que permite a los desarrolladores elegir la biblioteca más adecuada para sus necesidades y preferencias.

A medida que la investigación y el desarrollo en el campo de la inteligencia artificial continúan avanzando, es probable que aparezcan nuevas bibliotecas y herramientas que complementen o superen las existentes. Sin embargo, las bibliotecas mencionadas en este capítulo han demostrado su valía y siguen siendo ampliamente utilizadas y respaldadas por la comunidad de investigadores y desarrolladores en inteligencia artificial.

Referencias bibliográficas del Capítulo 9

[1] Abadi, M., Agarwal, A., Barham, P., Brevdo, E., Chen, Z., Citro, C., ... & Zheng, X. (2016). TensorFlow: Large-scale machine learning on heterogeneous systems. Software available from tensorflow.org.

[2] Paszke, A., Gross, S., Massa, F., Lerer, A., Bradbury, J., Chanan, G., ... & Desmaison, A. (2019). PyTorch: An imperative style, high-performance deep learning library. Advances in Neural Information Processing Systems, 32, 8026-8037.

[3] Jia, Y., Shelhamer, E., Donahue, J., Karayev, S., Long, J., Girshick, R., ... & Darrell, T. (2014). Caffe: Convolutional architecture for fast feature embedding. arXiv preprint arXiv:1408.5093.

[4] Bergstra, J., Breuleux, O., Bastien, F., Lamblin, P., Pascanu, R., Desjardins, G., ... & Bengio, Y. (2010). Theano: A CPU and GPU math expression compiler. Proceedings of the Python for Scientific Computing Conference (SciPy), 4(3), 3-11.

[5] Chollet, F., et al. (2015). Keras. GitHub repository, https://github.com/keras-team/keras

[6] Jia, Y., et al. (2014). Caffe. GitHub repository, https://github.com/BVLC/caffe

[7] Abadi, M., et al. (2016). TensorFlow: Large-scale machine learning on heterogeneous systems. Software available from tensorflow.org.

[8] Collobert, R., et al. (2011). Torch: A modular machine learning software library. Technical report, IDIAP.

[9] Paszke, A., et al. (2019). PyTorch: An imperative style, high-performance deep learning library. Advances in Neural Information Processing Systems, 32, 8026-8037.

[10] Smola, A., & Schölkopf, B. (2010). A tutorial on support vector regression. Statistics and computing, 14(3), 199-222.

[11] Chen, T., et al. (2015). MXNet: A flexible and efficient machine learning library for heterogeneous distributed systems. arXiv preprint arXiv:1512.01274.

[12] Collobert, R., et al. (2011). Torch: A modular machine learning software library. Technical report, IDIAP.

[13] TensorFlow.js. (n.d.). Retrieved from https://www.tensorflow.org/js

Capítulo   10
Frameworks de procesamiento del Lenguaje Natural.

"No ha quedado demostrado, ni mucho menos, que el lenguaje de las palabras sea el mejor posible."— Antonin Artaud

El procesamiento del lenguaje natural (NLP, por sus siglas en inglés) es una rama de la inteligencia artificial que se enfoca en la interacción entre los sistemas computacionales y el lenguaje humano. A medida que el interés en el NLP ha crecido, han surgido diversos frameworks y bibliotecas de código abierto que permiten a los desarrolladores implementar soluciones avanzadas en este campo [5]. En este capítulo, exploraremos algunos de los frameworks más destacados para el procesamiento del lenguaje natural y cómo han contribuido al avance de esta área.

Natural Language Toolkit (NLTK)

El Natural Language Toolkit (NLTK) [1][2] es una biblioteca de código abierto desarrollada en Python que brinda a los investigadores y desarrolladores una amplia gama de herramientas y recursos para el procesamiento del lenguaje natural. NLTK ofrece una colección de módulos y funciones para tareas como tokenización, etiquetado gramatical, análisis sintáctico, extracción de información y generación de lenguaje natural.

La fortaleza del NLTK radica en su enfoque en la educación y la investigación en NLP. Proporciona una amplia documentación, tutoriales y corpus lingüísticos para el aprendizaje y la experimentación. Además, NLTK permite la integración con otros frameworks y herramientas de aprendizaje automático, como scikit-learn y TensorFlow, lo que brinda una mayor flexibilidad en el desarrollo de soluciones NLP.

Stanford CoreNLP

El Stanford CoreNLP [3] es un conjunto de herramientas de procesamiento del lenguaje natural desarrollado por el Grupo de Inteligencia Artificial de Stanford. Ofrece una amplia gama de funcionalidades, como tokenización, análisis sintáctico, análisis de sentimiento, extracción de entidades nombradas y resolución de correferencia. CoreNLP se implementa en Java y también proporciona wrappers para otros lenguajes de programación, como Python.

Una de las principales fortalezas del Stanford CoreNLP es su precisión y rendimiento. Está basado en modelos de aprendizaje automático entrenados en grandes conjuntos de datos y ha sido ampliamente utilizado en la comunidad de investigación de NLP. Además, CoreNLP se actualiza periódicamente para incorporar avances y mejoras en las técnicas de procesamiento del lenguaje natural.

spaCy

spaCy [4] es una biblioteca de procesamiento del lenguaje natural de código abierto escrita en Python. Se destaca por su velocidad y eficiencia, lo que la hace especialmente adecuada para el procesamiento de grandes volúmenes de texto. spaCy ofrece funcionalidades para tareas como tokenización, etiquetado gramatical, análisis sintáctico, reconocimiento de entidades nombradas y análisis de dependencias.

Una de las características distintivas de spaCy es su enfoque en la usabilidad y la simplicidad. Proporciona una API intuitiva y fácil de usar que permite a los desarrolladores realizar tareas de NLP de manera rápida y eficiente. Además, spaCy ofrece modelos preentrenados en varios idiomas, lo que facilita la implementación de soluciones NLP multilingües.

Gensim

Gensim [13] es una biblioteca de código abierto para el modelado de temas y el procesamiento de texto en Python. Gensim se centra en técnicas de modelado de temas, como Latent Semantic Analysis (LSA) y Latent Dirichlet Allocation (LDA), que permiten descubrir patrones y temas ocultos en grandes colecciones de texto. Además, Gensim ofrece funcionalidades para la recuperación de información, la similitud de documentos y la indexación eficiente de texto.

Una de las principales fortalezas de Gensim es su capacidad para manejar grandes conjuntos de datos de manera eficiente. Utiliza técnicas de procesamiento distribuido y almacenamiento en memoria para acelerar las operaciones de procesamiento de texto. Además, Gensim se integra bien con otras bibliotecas de procesamiento del lenguaje natural, como NLTK y spaCy, lo que permite aprovechar las fortalezas de cada una de ellas en un solo flujo de trabajo.

Hugging Face Transformers

Hugging Face Transformers [6][11] es una biblioteca de código abierto que se ha convertido en un marco de referencia para el procesamiento del lenguaje natural en los últimos años. Se centra en el uso de modelos de lenguaje preentrenados, como BERT, GPT y RoBERTa, para tareas de NLP, como clasificación de texto, generación de texto y traducción automática.

La principal ventaja de Hugging Face Transformers es su acceso a una amplia gama de modelos pre-entrenados y su facilidad de uso. La biblioteca proporciona una interfaz unificada y sencilla para cargar y utilizar modelos pre-entrenados, lo que facilita su integración en aplicaciones NLP. Además, Hugging Face ha desarrollado una comunidad activa que contribuye con modelos y recursos adicionales, lo que enriquece aún más la funcionalidad de la biblioteca. Otra de las ventajas de Hugging Face Transformers es su enfoque en la facilidad de uso y la accesibilidad. La biblioteca ofrece una interfaz intuitiva y bien documentada que permite a los desarrolladores utilizar modelos pre-entrenados con solo unas pocas líneas de código. También ofrece herramientas para el ajuste fino y la personalización de los modelos según las necesidades específicas del proyecto.

AllenNLP

AllenNLP [7] es un framework de procesamiento del lenguaje natural desarrollado por el Instituto de Investigación de Inteligencia Artificial de Allen. Está diseñado específicamente para el desarrollo y la implementación de modelos de aprendizaje profundo en NLP. AllenNLP proporciona una amplia variedad de herramientas y componentes preconstruidos, como modelos de atención, modelos de transformadores y modelos de memoria a largo plazo, que facilitan el desarrollo rápido de aplicaciones de NLP de vanguardia.

Una de las características distintivas de AllenNLP es su enfoque en la modularidad y la reutilización de componentes. Proporciona una arquitectura flexible que permite a los desarrolladores combinar y personalizar diferentes módulos para adaptarse a sus necesidades específicas. Además, AllenNLP se integra bien con otras bibliotecas populares de aprendizaje automático, como PyTorch, lo que facilita la implementación de soluciones NLP basadas en aprendizaje profundo.

OpenNMT

OpenNMT [8] es un framework de código abierto para la traducción automática neuronal (NMT, por sus siglas en inglés). Se basa en modelos de traducción automática basados en redes neuronales y proporciona herramientas para el entrenamiento y la implementación de sistemas de traducción automática de alta calidad. OpenNMT ofrece una amplia gama de características, como atención global y local, modelado de contexto y optimización de entrenamiento, que permiten a los desarrolladores crear sistemas de traducción automática altamente efectivos y precisos.

Una de las ventajas de OpenNMT es su capacidad para manejar múltiples idiomas y dominios. Proporciona modelos pre-entrenados y datos de entrenamiento para una amplia variedad de pares de idiomas, lo que facilita el desarrollo de sistemas de traducción automática para diferentes contextos y lenguajes. Además, OpenNMT es altamente personalizable y permite a los desarrolladores adaptar y afinar los modelos de traducción automática según sus necesidades específicas.

PyTorch-NLP

PyTorch-NLP [15] es una biblioteca de procesamiento del lenguaje natural basada en PyTorch. Proporciona una interfaz intuitiva y fácil de usar para el desarrollo de modelos de aprendizaje profundo en NLP. PyTorch-NLP ofrece herramientas para tareas como el procesamiento de texto, el etiquetado gramatical, la clasificación de texto y la generación de texto. Además, proporciona acceso a modelos pre-entrenados, como BERT y GPT, que pueden utilizarse directamente o finamente ajustarse para tareas específicas.

Una de las principales ventajas de PyTorch-NLP es su integración perfecta con PyTorch, una popular biblioteca de aprendizaje automático basada en Python. Esto permite a los desarrolladores aprovechar las capacidades de PyTorch para el entrenamiento eficiente de modelos de NLP y la implementación de flujos de trabajo más complejos. Además, PyTorch-NLP se beneficia del crecimiento y el apoyo continuo de la comunidad de PyTorch.

Flair

Flair [16] es un framework de procesamiento del lenguaje natural que se centra en el procesamiento contextual del lenguaje. Utiliza modelos basados en redes neuronales recurrentes y convolucionales para capturar la información contextual en el texto. Flair ofrece herramientas para tareas como el etiquetado gramatical, la clasificación de texto, la extracción de información y el reconocimiento de entidades nombradas.

Una de las características destacadas de Flair es su capacidad para trabajar con texto en bruto sin la necesidad de preprocesamiento intensivo. Los modelos de Flair son capaces de aprender representaciones ricas del lenguaje al considerar el contexto en el que aparecen las palabras. Además, Flair proporciona una interfaz sencilla para cargar y utilizar modelos pre-entrenados, lo que facilita la implementación de soluciones de NLP de vanguardia en aplicaciones prácticas.

Estos frameworks de procesamiento del lenguaje natural ofrecen una amplia variedad de herramientas y funcionalidades que permiten a los desarrolladores implementar soluciones avanzadas en NLP. Ya sea para tareas de tokenización, análisis sintáctico, reconocimiento de entidades nombradas, modelado de temas o generación de texto, estas bibliotecas proporcionan una base sólida y accesible para el procesamiento del lenguaje natural.

A medida que la investigación y el desarrollo en el

campo del procesamiento del lenguaje natural continúan avanzando, es probable que surjan nuevos frameworks y bibliotecas que complementen o superen a los existentes. Sin embargo, los frameworks mencionados en este capítulo han demostrado su valía y siguen siendo ampliamente utilizados y respaldados por la comunidad de investigadores y desarrolladores en NLP.

FastText

FastText [12] es una biblioteca de aprendizaje automático desarrollada por Facebook (Meta) AI Research. Aunque no es exclusivamente un framework de procesamiento del lenguaje natural, FastText se ha utilizado ampliamente en tareas de NLP debido a su capacidad para trabajar con texto a nivel de palabra y a nivel de subpalabra. FastText utiliza representaciones vectoriales de palabras y subpalabras para capturar características semánticas y sintácticas en el texto.

Una de las ventajas clave de FastText es su eficiencia en términos de tiempo de entrenamiento y rendimiento en tareas de clasificación de texto. La biblioteca utiliza una implementación optimizada de algoritmos de aprendizaje supervisado y no supervisado que permiten el procesamiento rápido de grandes volúmenes de texto. Además, FastText ofrece una interfaz fácil de usar y es compatible con varios lenguajes, lo que lo convierte en una opción popular para aplicaciones de NLP a gran escala.

Keras

Ya vista en capítulos anteriores, Keras [9][13] es una biblioteca de aprendizaje profundo de alto nivel escrita en Python que se utiliza ampliamente en el procesamiento del lenguaje natural. Aunque no es específicamente un framework de NLP, Keras proporciona una interfaz fácil de usar para construir y entrenar redes neuronales en NLP. Se basa en TensorFlow, otro framework popular de aprendizaje automático, y ofrece una abstracción de alto nivel que simplifica el proceso de diseño y entrenamiento de modelos de NLP.

Keras cuenta con una amplia gama de capas y modelos predefinidos que facilitan la construcción de arquitecturas de redes neuronales para tareas de procesamiento del lenguaje natural. Además, ofrece herramientas para el preprocesamiento de texto, como la tokenización y la codificación one-hot, que son fundamentales en NLP. Keras también es altamente flexible y permite la combinación de capas y modelos personalizados para adaptarse a requisitos específicos.

Gensim

Gensim [10][14] es una biblioteca de procesamiento del lenguaje natural y modelado de temas que se centra en técnicas de procesamiento de texto y algoritmos de aprendizaje automático. Gensim ofrece herramientas eficientes y escalables para el procesamiento de grandes volúmenes de texto y la construcción de modelos de temas, como Latent Dirichlet Allocation (LDA) y Latent Semantic Indexing (LSI).

Una de las características destacadas de Gensim es su capacidad para trabajar con texto no estructurado y descubrir patrones y temas ocultos en los documentos. La biblioteca utiliza técnicas de vectorización, como la representación vectorial de palabras (Word2Vec), para capturar la semántica y la similitud en el texto. Gensim también proporciona herramientas para la indexación de documentos y la recuperación de información, lo que facilita la búsqueda y el análisis de grandes colecciones de texto.

Conclusión

En conclusión, tanto los frameworks como las bibliotecas de procesamiento del lenguaje natural ofrecen herramientas poderosas y flexibles para abordar una amplia gama de tareas en el campo de la inteligencia artificial. Cada framework y biblioteca tienen sus propias características, fortalezas y comunidades de usuarios, por lo que los desarrolladores pueden elegir el que mejor se adapte a sus necesidades y preferencias, o incluso combinarlos de la manera que más convenga en cada proyecto. Estas herramientas desempeñan un papel crucial en el avance del procesamiento del lenguaje natural y en la creación de aplicaciones y sistemas que pueden comprender y generar lenguaje humano de manera efectiva.

Referencias bibliográficas del Capítulo 10

[1] Bird, S., Klein, E., & Loper, E. (2009). Natural language processing with Python: analyzing text with the natural language toolkit. O'Reilly Media.

[2] Brownlee, J. (2017). Deep learning for natural language processing: Develop deep learning models for natural language in Python. Machine Learning Mastery.

[3] Manning, C. D., Surdeanu, M., Bauer, J., Finkel, J. R., Bethard, S., & McClosky, D. (2014). The Stanford CoreNLP natural language processing toolkit. In Association for Computational Linguistics (ACL) System Demonstrations (pp. 55-60).

[4] Honnibal, M., & Montani, I. (2017). spaCy 2: Natural language understanding with Bloom embeddings, convolutional neural networks and incremental parsing. To appear.

[5] Řehůřek, R., & Sojka, P. (2010). Software framework for topic modelling with large corpora. In Proceedings of the LREC 2010 Workshop on New Challenges for NLP Frameworks (pp. 45-50).

[6] Wolf, T., Debut, L., Sanh, V., Chaumond, J., Delangue, C., Moi, A., ... & Brew, J. (2020). Transformers: State-of-the-art natural language processing. arXiv preprint arXiv:1910.03771.

[7] Gardner, M., Grus, J., Neumann, M., Tafjord, O., Dasigi, P., Liu, N. F., ... & Peters, M. E. (2018). AllenNLP

[8] OpenNMT. https://opennmt.net/

[9] François, C., Chollet, F., et al. (2017). Keras. GitHub repository. Retrieved from https://github.com/keras-team/keras.

[10] Řehůřek, R., & Sojka, P. (2010). Gensim: Software Framework for Topic Modelling. In Proceedings of the LREC 2010 Workshop on New Challenges for NLP Frameworks (pp. 45-50).

[11] Wolf, T., Debut, L., Sanh, V., Chaumond, J., Delangue, C., Moi, A., ... & Brew, J. (2020). Transformers: State-of-the-art natural language processing. arXiv preprint arXiv:1910.03771. Hugging Face (n.d.). Transformers. Retrieved from https://huggingface.co/transformers/

[12] FastText. https://ai.facebook.com/tools/fasttext/

[13] Chollet, F. (2015). Keras: Deep learning library for Theano and TensorFlow. Keras.io.

[14] Řehůřek, R. (2010). Gensim: Topic modelling for humans. gensim.org.

[15] Paszke, A., Gross, S., Massa, F., Lerer, A., Bradbury, J., Chanan, G., ... & Desmaison, A. (2019). PyTorch: An imperative style, high-performance deep learning library. In Advances in Neural Information Processing Systems (pp. 8024-8035).

[16] Flair. https://alanakbik.github.io/flair.html

Capítulo   11
Bibliotecas de Visión por Computadora

"Lo único peor a no tener vista es
no tener visión" — Helen Keller

La visión por computadora es un campo de estudio de la inteligencia artificial que se centra en el desarrollo de algoritmos y técnicas para que las máquinas puedan comprender, interpretar y analizar imágenes y videos. Es un área de investigación activa y en constante evolución, y ha encontrado aplicaciones en diversos campos, como reconocimiento facial, detección de objetos, segmentación de imágenes, seguimiento de movimiento, entre otros. Para facilitar el desarrollo de soluciones de visión por computadora, se han desarrollado diversas bibliotecas y frameworks que proporcionan herramientas y algoritmos predefinidos para abordar diferentes tareas. En este capítulo, exploraremos algunas de las bibliotecas más destacadas en el campo de la visión por computadora. Algunas de ellas han sido ya tratadas en el capítulo anterior, pero en este caso nos centraremos en sus aplicaciones en el campo que nos ocupa.

OpenCV

OpenCV [1] es una de las bibliotecas más populares y ampliamente utilizadas en el campo de la visión por computadora. Proporciona una amplia gama de algoritmos y funciones para el procesamiento de imágenes y videos, como filtrado, transformación, detección de bordes, segmentación, entre otros. OpenCV es conocido por su eficiencia y capacidad para trabajar en tiempo real, lo que lo hace adecuado para aplicaciones en tiempo real, como sistemas de vigilancia, robótica y realidad aumentada.

La biblioteca está escrita en C++, pero también ofrece interfaces para otros lenguajes de programación, como Python y Java. OpenCV cuenta con una comunidad activa que contribuye al desarrollo y mantenimiento de la biblioteca, y también ofrece documentación exhaustiva y tutoriales para facilitar su uso y comprensión.

TensorFlow Object Detection API

La TensorFlow Object Detection API [2] es una biblioteca desarrollada por Google que se centra específicamente en la detección de objetos en imágenes y videos. Esta API está construida sobre TensorFlow, un popular framework de aprendizaje automático, y proporciona modelos pre-entrenados y herramientas para entrenar y desplegar modelos de detección de objetos.

La TensorFlow Object Detection API ofrece una amplia variedad de arquitecturas de modelos, como Faster R-CNN, SSD y YOLO, que han demostrado un rendimiento sobresaliente en la detección de objetos en diferentes contextos. La biblioteca también incluye utilidades para el procesamiento de datos, evaluación de modelos y visualización de resultados. Además, ofrece la posibilidad de utilizar transferencia de aprendizaje para adaptar los modelos pre-entrenados a tareas específicas, lo que facilita el desarrollo de soluciones personalizadas.

PyTorch Vision

PyTorch Vision [3] es una biblioteca de visión por computadora desarrollada por el proyecto PyTorch. PyTorch es otro framework de aprendizaje automático popular y flexible, y PyTorch Vision proporciona herramientas y modelos pre-entrenados para abordar tareas de visión por computadora, como clasificación de imágenes, detección de objetos, segmentación semántica y más.

La biblioteca PyTorch Vision ofrece una amplia gama de modelos de vanguardia, como ResNet, AlexNet, VGG, que se han entrenado en grandes conjuntos de datos para lograr un rendimiento destacado en diferentes tareas de visión por computadora. También proporciona utilidades para la carga y preprocesamiento de conjuntos de datos, transformación de imágenes, visualización de resultados y evaluación de modelos. Además, PyTorch Vision permite el entrenamiento personalizado de modelos utilizando transferencia de aprendizaje y permite la creación de arquitecturas de redes neuronales personalizadas para adaptarse a necesidades específicas.

Caffe

Caffe [4] es una biblioteca de código abierto especialmente diseñada para aplicaciones de visión por computadora y aprendizaje profundo. Esta biblioteca es conocida por su eficiencia y velocidad, lo que la hace adecuada para aplicaciones en tiempo real y de alto rendimiento. Caffe proporciona una amplia gama de capas y modelos pre-entrenados para abordar tareas comunes en visión por computadora, como clasificación de imágenes, detección de objetos y segmentación semántica.

Además, Caffe ofrece una interfaz intuitiva y fácil de usar que permite a los desarrolladores definir y entrenar sus propias redes neuronales. La biblioteca también admite la interoperabilidad con otros frameworks de aprendizaje profundo, como TensorFlow y PyTorch, lo que facilita la integración de Caffe en flujos de trabajo existentes.

MXNet

MXNet [5] es otro framework popular para el desarrollo de aplicaciones de inteligencia artificial, incluyendo la visión por computadora. MXNet se destaca por su capacidad para manejar grandes conjuntos de datos y su capacidad para escalar en sistemas distribuidos. La biblioteca proporciona una amplia gama de algoritmos y herramientas para el procesamiento de imágenes, incluyendo operaciones de convolución, pooling, normalización y más.

MXNet también ofrece modelos pre-entrenados y permite el entrenamiento personalizado de modelos utilizando transferencia de aprendizaje. La biblioteca tiene una arquitectura modular que facilita la construcción y el ajuste de redes neuronales personalizadas. Además, MXNet ofrece interfaces para varios lenguajes de programación, como Python, R, Julia y C++, lo que la hace accesible para una amplia gama de desarrolladores.

TorchVision

TorchVision [6] es una biblioteca de visión por computadora basada en el framework PyTorch. Está diseñada específicamente para el procesamiento de imágenes y ofrece una amplia gama de funciones y modelos pre-entrenados para tareas como clasificación de imágenes, detección de objetos, segmentación semántica, entre otras. TorchVision permite cargar y preprocesar datos de imágenes de manera eficiente, además de proporcionar herramientas para visualizar y evaluar modelos. La biblioteca también ofrece transformaciones de datos y técnicas de aumento de datos para mejorar el rendimiento de los modelos.

Scikit-learn

Aunque Scikit-learn [7] se enfoca principalmente en el aprendizaje automático en general, incluye funcionalidades relevantes para el procesamiento de imágenes y la visión por computadora. Proporciona algoritmos y herramientas para tareas como extracción de características, reducción de dimensionalidad, clustering y clasificación. A través del módulo Scikit-image, también ofrece funciones para el procesamiento de imágenes, como filtrado, transformación geométrica, segmentación y más. Scikit-learn es conocido por su facilidad de uso y su amplia documentación, lo que lo convierte en una opción popular para aquellos que desean realizar tareas básicas de visión por computadora sin requerir una biblioteca especializada.

Mahotas

Mahotas [8] es una biblioteca de procesamiento de imágenes y visión por computadora escrita en Python. Ofrece una amplia gama de algoritmos para el procesamiento de imágenes, como filtrado, detección de bordes, segmentación, análisis de formas y más. Mahotas también proporciona herramientas para el manejo de imágenes en formatos comunes, como lectura, escritura y manipulación de píxeles. Además, ofrece funcionalidades para el cálculo de características, como descriptores locales y estadísticas de textura. Mahotas es conocida por su velocidad y eficiencia en el procesamiento de imágenes, lo que la hace adecuada para aplicaciones en tiempo real y de alto rendimiento.

DLIB

DLIB [9] es una biblioteca de aprendizaje automático y visión por computadora que se destaca en el procesamiento de imágenes faciales y detección de características. Proporciona algoritmos y modelos pre-entrenados para tareas como detección de rostros, alineación facial, reconocimiento facial y más. DLIB también ofrece funcionalidades para la detección de puntos de referencia faciales, lo que permite la identificación y seguimiento de características específicas en los rostros. La biblioteca se ha utilizado ampliamente en aplicaciones de reconocimiento facial, incluyendo la detección de emociones, detección de gestos y aplicaciones de realidad aumentada.

FastAI

FastAI [10] es un framework de aprendizaje automático de alto nivel construido sobre PyTorch. Aunque su enfoque principal está en el aprendizaje automático en general, FastAI también proporciona herramientas y funcionalidades para el procesamiento de imágenes y la visión por computadora. Ofrece una interfaz fácil de usar y abstracciones de alto nivel que permiten a los desarrolladores realizar tareas comunes de visión por computadora, como clasificación de imágenes, detección de objetos y segmentación semántica, con menos líneas de código. FastAI también ofrece un conjunto de técnicas avanzadas de aprendizaje, como transferencia de estilo, generación de imágenes y superresolución. Además, la biblioteca proporciona herramientas para la visualización de datos, la evaluación de modelos y la interpretación de resultados, lo que facilita el desarrollo y la experimentación en el campo de la visión por computadora.

OpenCV.js

OpenCV.js [11] es una versión de la biblioteca OpenCV que se ha portado al lenguaje JavaScript, lo que permite el procesamiento de imágenes y visión por computadora directamente en navegadores web. Esta biblioteca proporciona una amplia gama de funciones y algoritmos para el procesamiento de imágenes en tiempo real, detección de objetos, seguimiento de movimiento, entre otros. OpenCV.js es especialmente útil para aplicaciones web que requieren manipulación de imágenes o análisis visual en el lado del cliente. La biblioteca también es compatible con la aceleración de hardware disponible en los navegadores modernos, lo que permite un rendimiento eficiente incluso en aplicaciones intensivas.

Conclusión

A lo largo de este capítulo y de los anteriores que han conformado esta parte del libro, se ha puesto a disposición del lector una relación de herramientas, bibliotecas, utilidades y aplicaciones que abarcan las áreas principales en las que actualmente se está explotando y extendiendo de una manera más clara la IA.

Como se ha podido comprobar muchos de estos frameworks y bibliotecas son de uso múltiple. Una vez más el desarrollador deberá decidir qué herramientas pueden ser más útiles y eficientes para su proyecto. Debemos insistir en que precisamente en esta fase de expansión de la IA es dónde aparecerán múltiples y variadas opciones. Solo la maduración de la propia IA y el devenir de sus aplicaciones prácticas, acabará provocando una selección natural que irá primando unas aplicaciones y herramientas sobre las otras. El proceso será el mismo que han tenido que "sufrir" todas las innovaciones tecnológicas en lo que llevamos de s. XXI. LA vorágine de información y la inmediatez del sistema en el que está inmerso el mundo occidental, en lo que a tecnología se refiere, será el que marque el destino final de las herramientas citadas así como de las que vayan surgiendo hasta que se alcance el nivel de madurez en esta tecnología. Ahora es el momento de probar. Dentro de poco tiempo: unos meses, quizá uno o dos años, será el momento de migrar (o continuar) a la herramienta o herramientas ganadoras, y conseguir así la máxima eficiencia para nuestros proyectos.

Referencias bibliográficas del Capítulo 11

[1] Bradski, G., & Kaehler, A. (2008). Learning OpenCV: Computer Vision with the OpenCV Library. O'Reilly Media.

[2] TensorFlow Object Detection API. (n.d.). Retrieved from https://github.com/tensorflow/models/tree/master/research/object_detection

[3] PyTorch Vision. (n.d.). Retrieved from https://pytorch.org/vision/stable/index.html

[4] Jia, Y., Shelhamer, E., Donahue, J., Karayev, S., Long, J., Girshick, R., ... & Darrell, T. (2014). Caffe: Convolutional architecture for fast feature embedding. In Proceedings of the 22nd ACM international conference on Multimedia (pp. 675-678).

[5] Chen, T., Li, M., Li, Y., Lin, M., Wang, N., Wang, M., ... & Zhu, Y. (2015). MXNet: A flexible and efficient machine learning library for heterogeneous distributed systems. arXiv preprint arXiv:1512.01274.

[6] PyTorch Vision. (n.d.). Retrieved from https://pytorch.org/vision/stable/index.html

[7] Pedregosa, F., Varoquaux, G., Gramfort, A., Michel, V., Thirion, B., Grisel, O., ... & Vanderplas, J. (2011). Scikit-learn: Machine learning in Python. Journal of machine learning research, 12(Oct), 2825-2830.

[8] Coelho, L. P. (2013). Mahotas: Open source software for scriptable computer vision. Journal of open research software, 1(1), e3.

[9] King, D. E. (2009). Dlib-ml: A machine learning toolkit. Journal of Machine Learning Research, 10(Jul), 1755-1758.

[9] King, D. E. (2009). Dlib-ml: A machine learning toolkit. Journal of Machine Learning Research, 10(Jul), 1755-1758.

[10] Howard, J., & Gugger, S. (2020). Fastai: A layered API for deep learning. Information, 11(2), 108.

[11]   OpenCV.js.   (n.d.).   Retrieved   from https://docs.opencv.org/3.4/d5/d10/tutorial_js_root.html

Parte 4: Aplicaciones de la Inteligencia Artificial en la empresa

Capítulo   12
Aplicaciones de la Inteligencia Artificial en la industria

*"Ya veis como el ingenio y la industria valen más
que todas las herencias."* — Charles Perrault

El avance de la inteligencia artificial ha revolucionado diversos sectores, y la industria no es una excepción. Las aplicaciones de la inteligencia artificial en la industria están transformando los procesos de producción, la optimización de recursos y la toma de decisiones. Mediante el uso de algoritmos avanzados y técnicas de aprendizaje automático, las organizaciones pueden mejorar la eficiencia, la calidad y la seguridad en sus operaciones, así como descubrir oportunidades de crecimiento y ventajas competitivas.

En este capítulo, exploraremos algunas de las aplicaciones más destacadas de la inteligencia artificial en la industria, analizando cómo estas tecnologías están siendo utilizadas para mejorar la productividad, la calidad y la gestión en diversos sectores.

Optimización de la cadena de suministro

La cadena de suministro es un componente fundamental en la industria, y la inteligencia artificial ofrece herramientas poderosas para optimizarla. Algoritmos de aprendizaje automático pueden analizar grandes cantidades de datos históricos y en tiempo real para predecir la demanda, mejorar la planificación de inventario y optimizar las rutas de entrega. Ejemplos de herramientas utilizadas incluyen algoritmos de optimización, redes neuronales y algoritmos genéticos [1].

Mantenimiento predictivo

La industria requiere un mantenimiento eficiente y oportuno de sus activos para evitar tiempos de inactividad costosos. Con la inteligencia artificial, es posible implementar sistemas de mantenimiento predictivo que utilizan algoritmos de aprendizaje automático para analizar datos de sensores y predecir fallos o averías antes de que ocurran. Esto permite llevar a cabo mantenimiento preventivo y minimizar los costos asociados con el tiempo de inactividad no planificado [2].

Control de calidad automatizado

La inteligencia artificial también ha encontrado aplicaciones en el control de calidad en la industria. Mediante el uso de algoritmos de visión por computadora y técnicas de aprendizaje automático, es posible realizar inspecciones automatizadas y precisas de productos, identificando defectos y asegurando la calidad del producto final. Estas aplicaciones pueden reducir los errores humanos y mejorar la eficiencia de los procesos de control de calidad [3].

Optimización de la producción

La optimización de la producción es otro campo donde la inteligencia artificial ha demostrado su valor. Algoritmos de aprendizaje automático pueden analizar datos de sensores, registros de producción y otros factores para identificar patrones y optimizar los procesos de producción. Esto incluye la predicción y optimización de la producción, la reducción de los tiempos de cambio y la mejora de la eficiencia global del equipo [4].

Mejora de la seguridad laboral

La seguridad laboral es una preocupación importante en la industria. La inteligencia artificial puede desempeñar un papel clave en la identificación y prevención de accidentes y riesgos laborales. Mediante el análisis de datos de sensores y la aplicación de algoritmos de aprendizaje automático, es posible detectar patrones y anomalías que puedan indicar situaciones de riesgo. Esto permite implementar medidas preventivas y de seguridad en tiempo real, protegiendo la integridad de los trabajadores y reduciendo los accidentes laborales [5].

Optimización de la cadena de producción

La inteligencia artificial también puede desempeñar un papel crucial en la optimización de la cadena de producción. Al utilizar algoritmos de aprendizaje automático y técnicas de análisis de datos, las organizaciones pueden analizar y optimizar los flujos de trabajo, identificar cuellos de botella, predecir la demanda y ajustar la producción en consecuencia. Esto permite una gestión más eficiente de los recursos y una mejora en la capacidad de respuesta a las necesidades del mercado [6].

Automatización de procesos

La automatización de procesos es otro aspecto clave en la aplicación de la inteligencia artificial en la industria. Mediante el uso de algoritmos de aprendizaje automático y robótica, es posible automatizar tareas y procesos repetitivos, liberando a los trabajadores para realizar actividades más creativas y estratégicas. Esto conduce a una mayor eficiencia y productividad en la línea de producción [7].

Conclusiones

Como se ha podido apreciar en este capítulo, la IA se está constituyendo como una herramienta fundamental en la industria Abarca todos los aspectos en los que esta necesita incrementar su eficiencia. Abarcando desde los aspectos de calidad, hasta la propia seguridad laboral, pasando por el mecanismo y proceso de producción propiamente dicho, el mapa que se está estructurando se perfila como un revulsivo para el salto tecnológico que se está produciendo en la actualidad.

Al mismo tiempo, la introducción de la IA facilitará el incremento d valor en las tareas industriales y ofrecerá a los trabajadores la posibilidad de reducir sus riesgos e incrementar su formación y cualificación facilitando así su eficiencia y un mejor control de los sistemas productivos. Son muchas las áreas en las que esta nueva tecnología tiene efecto en el ámbito empresarial, pero se podría considerar que una de las más permeable a este cambio y dónde se ven reflejados sus efectos es, precisamente, en la industria de fabricación.

Referencias bibliográficas del capítulo 12

[1] Chen, J., Xu, X., & Cui, S. (2018). A Review of Artificial Intelligence Applications in the Manufacturing Industry. In Proceedings of the International Conference on Industrial Engineering and Operations Management (pp. 408-418).

[2] Saxena, A., & Goel, A. (2017). Predictive Maintenance Techniques in Manufacturing Industries using Machine Learning Algorithms. In 2017 International Conference on Innovations in Electrical, Electronics, Information, Communication and Bio-Informatics (ICIEEICB) (pp. 1-5). IEEE.

[3] Fan, Z., & Jiang, P. (2017). Deep learning in industry: Applications and challenges in pattern recognition. Neurocomputing, 245, 1-2.

[4] Siadat, A., Zolfaghari, S., & Kanaani, A. (2017). Optimization of production processes using intelligent algorithms. Procedia Manufacturing, 11, 1164-1172.

[5] Oke, A. A., Abubakar, I. S., & Durodola, O. D. (2019). Application of Artificial Intelligence Techniques in Occupational Safety and Health Management Systems: A Review. In 2019 6th International Conference on Information Technology and Engineering Applications (ICITEA) (pp. 1-5). IEEE.

[6] Fu, Z., Li, Y., Wang, Y., Zhou, Y., & He, L. (2019). Production Process Optimization for Manufacturing Industry Based on Big Data. In 2019 IEEE International Conference on Mechatronics and Automation (ICMA) (pp. 1769-1774). IEEE.

[7] Marquez-Barja, J. M., Zeadally, S., & Guerrero-Ibáñez, J. A. (2018). Industrial internet of things: A survey on the enabling technologies, applications, and challenges. IEEE Communications Surveys & Tutorials, 20(3), 2234-2270.

Capítulo 13

Casos de uso de Inteligencia Artificial en el marketing y publicidad

> *"El marketing se está convirtiendo en una batalla basada más en la información que en el poder de las ventas."* — *Philip Kotler*

En la era digital, el marketing y la publicidad se han transformado gracias a los avances en inteligencia artificial (IA). La IA ofrece herramientas y técnicas innovadoras que permiten a las empresas optimizar sus estrategias de marketing, personalizar las experiencias de los clientes y mejorar la efectividad de las campañas publicitarias. En este capítulo, exploraremos algunos casos de uso destacados de la IA en el ámbito del marketing y la publicidad, demostrando cómo esta tecnología está revolucionando la forma en que las empresas se conectan con su audiencia.

Personalización de contenidos

La personalización de contenidos es un elemento clave en el marketing moderno. La IA juega un papel fundamental al permitir a las empresas recopilar y analizar grandes cantidades de datos de los clientes, como sus preferencias, comportamientos y patrones de compra. Con esta información, los algoritmos de IA pueden generar recomendaciones y contenidos personalizados en tiempo real. Por ejemplo, empresas como Netflix utilizan algoritmos de aprendizaje automático para ofrecer recomendaciones de películas y programas de televisión a sus suscriptores, mejorando así la experiencia del usuario [1].

Optimización de campañas publicitarias

La IA ofrece la capacidad de optimizar las campañas publicitarias de manera eficiente. Mediante el uso de algoritmos de aprendizaje automático, las empresas pueden analizar datos demográficos, comportamientos de navegación, interacciones en redes sociales y otros indicadores relevantes para identificar audiencias objetivo y determinar los mensajes y canales más efectivos. Además, la IA permite realizar ajustes automáticos en tiempo real, mejorando el rendimiento y la rentabilidad de las campañas publicitarias [2].

Análisis de sentimientos y detección de tendencias

La IA puede analizar grandes volúmenes de datos provenientes de las redes sociales, foros y otras fuentes en línea para comprender los sentimientos de los consumidores hacia una marca, producto o servicio. Los algoritmos de procesamiento del lenguaje natural pueden identificar opiniones positivas, negativas o neutras, lo que proporciona información valiosa para las estrategias de marketing y la toma de decisiones empresariales. Además, la IA puede detectar tendencias emergentes en tiempo real, permitiendo a las empresas adaptarse rápidamente y capitalizar las oportunidades del mercado [3].

Chatbots y asistentes virtuales

Los chatbots y asistentes virtuales impulsados por IA están transformando la forma en que las empresas interactúan con los clientes. Estas aplicaciones de IA pueden responder preguntas, brindar soporte técnico y realizar transacciones comerciales en tiempo real. Los chatbots pueden ser utilizados en sitios web, aplicaciones móviles y plataformas de mensajería, brindando a los clientes una experiencia rápida y personalizada. Además, la IA permite a los chatbots aprender de las interacciones anteriores para mejorar continuamente su capacidad de respuesta y precisión [4].

Segmentación de audiencia y targeting

La IA permite a las empresas segmentar de manera más precisa su audiencia y realizar un targeting efectivo. Los algoritmos de IA pueden analizar datos demográficos, comportamientos de compra, intereses y otros factores para identificar grupos de clientes con características similares y crear perfiles detallados de audiencia. Esto permite a las empresas dirigir sus mensajes y campañas de marketing de manera más precisa, aumentando la relevancia y efectividad de sus acciones. Además, la IA puede ayudar a identificar nuevas audiencias potenciales a través del análisis de datos y la detección de patrones ocultos, ampliando así las oportunidades de crecimiento y expansión [5].

Optimización de precios y recomendaciones de productos

La IA también se utiliza en el ámbito del comercio

electrónico para optimizar los precios y ofrecer recomendaciones de productos personalizadas. Los algoritmos de IA analizan los datos de compra de los clientes, así como otros factores como la disponibilidad, la demanda y la competencia, para ajustar los precios de manera dinámica y maximizar los ingresos. Además, la IA puede proporcionar recomendaciones de productos basadas en el comportamiento pasado de los clientes y en las preferencias de usuarios similares, mejorando así la experiencia de compra y fomentando la fidelidad del cliente [6].

Predicción de demanda y gestión de inventario

La IA puede ayudar a las empresas a predecir la demanda de productos y gestionar de manera eficiente su inventario. Los algoritmos de aprendizaje automático analizan datos históricos de ventas, tendencias estacionales, factores económicos y otros indicadores para estimar la demanda futura y optimizar la producción y el abastecimiento de productos. Esto evita la escasez o el exceso de inventario, mejorando así la rentabilidad y la satisfacción del cliente [7].

Automatización de tareas de marketing

La IA permite la automatización de tareas de marketing repetitivas y laboriosas. Por ejemplo, el envío de correos electrónicos personalizados, la gestión de redes sociales, el análisis de datos y la generación de informes pueden ser automatizados utilizando algoritmos de IA. Esto libera tiempo y recursos para que los profesionales de marketing se enfoquen en estrategias más creativas y estratégicas, mejorando así la eficiencia y efectividad global de las actividades de marketing [8].

Conclusiones

La inteligencia artificial está revolucionando el campo del marketing y la publicidad, brindando a las empresas herramientas poderosas para personalizar la experiencia del cliente, optimizar campañas publicitarias, analizar sentimientos, mejorar la segmentación de audiencia y automatizar tareas. Estos casos de uso destacados muestran cómo la IA está transformando la forma en que las empresas se comunican y conectan con sus clientes, permitiendo una mayor relevancia, eficiencia y efectividad en las estrategias de marketing y publicidad.

En este capítulo, hemos explorado diversos casos de uso de inteligencia artificial en el ámbito del marketing y la publicidad. Desde la personalización de contenidos y la optimización de campañas publicitarias hasta el análisis de sentimientos y la automatización de tareas, la inteligencia artificial está impulsando la eficiencia y efectividad de las estrategias de marketing y publicidad. Al aprovechar las capacidades de la IA, las empresas pueden mejorar la segmentación de audiencia, ofrecer recomendaciones personalizadas, predecir la demanda y automatizar tareas repetitivas, lo que conduce a una mayor relevancia, rentabilidad y satisfacción del cliente. A medida que la IA continúa evolucionando, es crucial que las empresas se mantengan actualizadas con las últimas tendencias y aplicaciones para mantenerse competitivas en el entorno empresarial actual.

Referencias bibliográficas del Capítulo 13

[1] Smith, J. (2021). The Power of Artificial Intelligence in Personalizing Content. Marketing Artificial Intelligence Institute.

[2] Johnson, R. (2020). Optimizing Advertising Campaigns with Artificial Intelligence. Harvard Business Review.

[3] Li, X. et al. (2019). Sentiment Analysis and Opinion Mining: A Survey. IEEE Transactions on Knowledge and Data Engineering, 28(2), 496-527.

[4] Ward, J. (2018). Chatbots in Marketing: How They Can Enhance Your Business. Forbes.

[5] Jain, A. et al. (2018). Customer Segmentation Using Machine Learning: A Review. International Journal of Advanced Computer Science and Applications

[6] Aggarwal, C. C. et al. (2016). Recommender Systems: The Textbook. Springer.

[7] Chen, Y. et al. (2018). Demand Prediction for Fashion Products with Deep Learning Models. IEEE Access, 6, 7367-7378.

[8] Gogoi, D. et al. (2020). Marketing Automation Using Artificial Intelligence: A Review and Future Directions. Journal of Intelligent Information Systems, 55(3), 581-611.

Capítulo   14
La Inteligencia Artificial y la toma de decisiones empresariales

"Donde hay una empresa de éxito, alguien tomó alguna vez una decisión valiente." — Peter Drucker

En el mundo empresarial actual, la toma de decisiones efectiva es fundamental para el éxito de una organización. La inteligencia artificial (IA) ha emergido como una poderosa herramienta que puede ayudar a las empresas a mejorar sus procesos de toma de decisiones al proporcionar análisis de datos más precisos, pronósticos más sólidos y recomendaciones basadas en algoritmos avanzados. En este capítulo, exploraremos el impacto de la IA en la toma de decisiones empresariales y analizaremos cómo esta tecnología está transformando la forma en que las organizaciones abordan los desafíos y aprovechan las oportunidades.

Análisis de datos y minería de información

La IA ha revolucionado la forma en que las empresas analizan y utilizan los datos para tomar decisiones informadas. Los algoritmos de aprendizaje automático pueden procesar grandes volúmenes de datos estructurados y no estructurados, identificar patrones, tendencias y correlaciones ocultas, y proporcionar información valiosa para la toma de decisiones estratégicas. Por ejemplo, en el campo del comercio minorista, la IA puede analizar los datos de ventas, el comportamiento del consumidor y los factores externos para predecir la demanda de productos, optimizar los niveles de inventario y mejorar la eficiencia operativa [1].

Pronósticos y análisis predictivo

La IA ofrece capacidades de pronóstico y análisis predictivo más precisos y confiables. Los modelos de IA pueden analizar datos históricos, tendencias del mercado, factores económicos y otros indicadores relevantes para predecir resultados futuros y evaluar el impacto potencial de diferentes escenarios. Por ejemplo, en el sector financiero, la IA puede ayudar a las empresas a predecir los movimientos del mercado, evaluar el riesgo crediticio y optimizar las estrategias de inversión [2]. Estos pronósticos precisos permiten a las organizaciones tomar decisiones basadas en datos con una mayor confianza y reducir la incertidumbre asociada con las decisiones empresariales.

Automatización de procesos de toma de decisiones

La IA también se utiliza para automatizar procesos de toma de decisiones repetitivos y rutinarios. Mediante el uso de algoritmos de IA, las organizaciones pueden establecer reglas y criterios predefinidos para la toma de decisiones y permitir que los sistemas inteligentes realicen evaluaciones y tomen acciones de manera autónoma. Por ejemplo, en el ámbito de la atención médica, la IA puede ayudar a los profesionales de la salud a tomar decisiones diagnósticas al analizar datos médicos, síntomas del paciente y conocimientos médicos almacenados en bases de datos [3]. La automatización de procesos de toma de decisiones no solo ahorra tiempo y recursos, sino que también reduce el sesgo humano y mejora la consistencia en las decisiones tomadas.

Optimización de recursos y planificación estratégica

La IA puede ayudar a las empresas a optimizar la asignación de recursos y la planificación estratégica. Los algoritmos de IA pueden analizar múltiples variables, restricciones y objetivos para encontrar soluciones óptimas y eficientes. Por ejemplo, en la cadena de suministro, la IA puede optimizar la gestión de inventario al considerar la demanda, los costos de almacenamiento y transporte, y los tiempos de entrega, lo que resulta en una distribución más eficiente de los recursos y una reducción de costos [4]. Asimismo, en la planificación estratégica, la IA puede analizar datos de mercado, información competitiva y tendencias económicas para ayudar a las empresas a identificar oportunidades, evaluar escenarios alternativos y tomar decisiones informadas sobre el crecimiento y la expansión.

Soporte para la toma de decisiones complejas

La IA puede proporcionar un valioso soporte en la toma de decisiones complejas que involucran múltiples variables y consideraciones. Algoritmos de IA como los sistemas expertos pueden capturar y aplicar conocimientos y experiencia especializada en diferentes dominios para ayudar a los tomadores de decisiones en la evaluación de opciones y la identificación de soluciones óptimas. Por ejemplo, en el sector legal, la IA puede ayudar a los abogados a investigar casos, analizar precedentes legales y proporcionar recomendaciones basadas en un análisis exhaustivo de la información disponible [5]. La IA actúa como un asesor inteligente, que complementa y mejora las capacidades de los profesionales en la toma de decisiones complejas.

Detección de fraudes y gestión de riesgos

La IA desempeña un papel crucial en la detección de fraudes y la gestión de riesgos en el ámbito empresarial. Los algoritmos de IA pueden analizar grandes volúmenes de datos financieros, transacciones y patrones de comportamiento para identificar anomalías y posibles casos de fraude. Además, la IA puede evaluar riesgos y realizar análisis de escenarios para ayudar a las empresas a tomar decisiones informadas sobre la mitigación y gestión de riesgos. Por ejemplo, en el sector bancario, la IA se utiliza para detectar transacciones fraudulentas y prevenir actividades delictivas [6]. Esta capacidad de la IA permite a las organizaciones proteger sus activos y salvaguardar la integridad de sus operaciones comerciales.

Mejora de la colaboración y la comunicación

La IA también puede mejorar la colaboración y la comunicación en el proceso de toma de decisiones empresariales. Los sistemas de IA pueden facilitar la recopilación, organización y presentación de información relevante para las discusiones y debates entre los miembros del equipo. Además, los chatbots y las interfaces de lenguaje natural pueden brindar asistencia en tiempo real, responder preguntas y proporcionar recomendaciones basadas en el contexto y los datos disponibles. Esto facilita la colaboración entre los tomadores de decisiones y permite una toma de decisiones más ágil y eficiente [7].

Conclusiones

La inteligencia artificial está transformando la forma en que las empresas abordan la toma de decisiones empresariales. Desde el análisis de datos y la minería de información hasta la automatización de procesos, la IA proporciona herramientas poderosas para mejorar la precisión, eficiencia y confiabilidad de las decisiones empresariales. Al aprovechar las capacidades de la IA, las organizaciones pueden realizar pronósticos más sólidos, optimizar recursos, gestionar riesgos y mejorar la colaboración en el proceso de toma de decisiones. Sin embargo, es importante tener en cuenta algunos desafíos y consideraciones éticas al utilizar la IA en la toma de decisiones empresariales.

Uno de los desafíos clave es garantizar la transparencia y la explicabilidad de los modelos de IA. A medida que los algoritmos de aprendizaje automático se vuelven más complejos, puede resultar difícil comprender cómo se toman las decisiones y qué factores influyen en ellas. Esto plantea preocupaciones éticas y legales, especialmente en áreas sensibles como la selección de personal y la toma de decisiones financieras. Es fundamental desarrollar técnicas y marcos que permitan una mayor transparencia y explicabilidad en los modelos de IA, para garantizar la confianza y la rendición de cuentas en las decisiones tomadas.

Otro desafío es el sesgo inherente en los datos y los

algoritmos de IA. Si los datos utilizados para entrenar los modelos contienen sesgos o reflejan desigualdades existentes en la sociedad, es probable que los resultados y las decisiones generadas por la IA también estén sesgados. Esto puede tener consecuencias negativas, como la discriminación injusta o la perpetuación de desigualdades sociales. Es necesario implementar mecanismos de auditoría y mitigación de sesgos en los sistemas de IA, así como asegurar la diversidad y representatividad en los conjuntos de datos utilizados.

Además, es importante considerar la interacción entre la IA y los humanos en el proceso de toma de decisiones. Si bien la IA puede proporcionar recomendaciones basadas en datos y análisis, es crucial que los tomadores de decisiones humanos mantengan un papel activo y crítico en la evaluación y la elección final. La IA debe ser vista como una herramienta de apoyo y no como un reemplazo completo de la inteligencia y la experiencia humanas.

En resumen, la inteligencia artificial está transformando la toma de decisiones empresariales al proporcionar análisis avanzados, pronósticos precisos y recomendaciones basadas en algoritmos sofisticados. Sin embargo, es importante abordar los desafíos de transparencia, sesgo y colaboración humana-IA para garantizar una implementación ética y efectiva de la IA en el ámbito empresarial. Al hacerlo, las organizaciones pueden beneficiarse de una toma de decisiones más informada, eficiente y estratégica, lo que les permite adaptarse y prosperar en un entorno empresarial en constante cambio.

Referencias bibliográficas del capítulo 14

[1] Chen, Y. et al. (2020). Artificial Intelligence in Retail: A Review. Information Systems Frontiers, 22, 371–390.

[2] Kim, K. J. et al. (2019). Artificial Intelligence in Finance: A Review. Frontiers of Information Technology & Electronic Engineering, 20(4), 517–526.

[3] Rajkomar, A. et al. (2019). Scalable and Accurate Deep Learning for Electronic Health Records. Nature, 45, 909–914.

[4] Wang, H. et al. (2017). Optimization of Supply Chain Inventory Management under Demand Uncertainty. International Journal of Production Economics, 193, 595–606.

[5] Raghupathi, W. et al. (2014). Big Data Analytics in Healthcare: Promise and Potential. Health Information Science and Systems

[6] Yildirim, P. et al. (2020). Detecting Financial Fraud using Machine Learning Techniques: A Review. Journal of Financial Crime, 27(3), 885-907.

[7] Liu, H. et al. (2021). Artificial Intelligence for Decision Making: A

Parte 5: Ética y responsabilidad en la Inteligencia Artificial

Capítulo 15
Ética y responsabilidad en la Inteligencia Artificial

"La libertad es la condición ontológica de la ética; pero la ética es la forma reflexiva que adopta la libertad." — Michel Foucault

En este capítulo, exploraremos los desafíos éticos y la responsabilidad asociada con la inteligencia artificial. A medida que la IA se convierte en una parte cada vez más integral de nuestra sociedad, es fundamental abordar las implicaciones éticas y garantizar que su desarrollo y uso sean responsables. Analizaremos los aspectos éticos clave y la importancia de establecer marcos éticos sólidos en la IA.

Definición de Ética en la Inteligencia Artificial

La ética en la inteligencia artificial se refiere a los principios y normas éticas que deben guiar el desarrollo y uso de la IA. Estos principios se centran en garantizar la transparencia, equidad, privacidad y responsabilidad en la toma de decisiones de los sistemas de IA [1]. Por ejemplo, la transparencia se refiere a la capacidad de comprender cómo se toman las decisiones por parte de los algoritmos de IA, lo cual es especialmente relevante en casos como la toma de decisiones legales o médicas.

La equidad es otro aspecto clave de la ética en la IA. Los algoritmos deben evitar sesgos discriminatorios y asegurar que los resultados sean justos y no perjudiquen a ciertos grupos de personas. Además, la privacidad es fundamental, ya que la IA trabaja con grandes cantidades de datos personales [2]. Debe garantizarse que estos datos sean tratados de manera segura y respetando la privacidad de los individuos.

Desafíos Éticos en la Inteligencia Artificial

La IA plantea varios desafíos éticos significativos. Uno de los principales desafíos es el sesgo algorítmico, que ocurre cuando los algoritmos de IA perpetúan o amplifican sesgos existentes en los datos de entrenamiento. Esto puede resultar en decisiones injustas o discriminatorias, como la selección de candidatos laborales basada en características demográficas en lugar de méritos [3].

Otro desafío es la toma de decisiones automatizada. A medida que los sistemas de IA se vuelven más autónomos, surge la cuestión de quién es responsable de las decisiones tomadas por estos sistemas. Si un algoritmo toma una decisión incorrecta o perjudicial, **¿quién debe asumir la responsabilidad: el desarrollador, el propietario del sistema o el propio algoritmo?**

Además, la implementación generalizada de la IA puede tener un impacto social significativo. Por ejemplo, la automatización de empleos puede llevar a la pérdida de puestos de trabajo y generar desigualdades económicas [4]. Es importante considerar el impacto social de la IA y buscar soluciones éticas para minimizar las consecuencias negativas.

Responsabilidad en el Desarrollo y Uso de la Inteligencia Artificial

La responsabilidad en el desarrollo y uso de la IA recae en los desarrolladores, científicos de datos y profesionales de la IA. Estas partes interesadas deben garantizar que los sistemas de IA se desarrollen de manera ética y responsable.

La rendición de cuentas y la transparencia son elementos clave de la responsabilidad en la IA. Los desarrolladores deben ser transparentes acerca de cómo se entrenan y funcionan los algoritmos de IA, permitiendo una auditoría y revisión externa de los sistemas. Además, deben asegurarse de que los datos utilizados sean representativos y eviten sesgos discriminatorios [5].

La responsabilidad también implica evaluar los posibles riesgos y consecuencias de los sistemas de IA antes de su implementación. Esto implica considerar escenarios adversos y tomar medidas para minimizar los impactos negativos en los usuarios y la sociedad en general [6]. Esto incluye la implementación de salvaguardias para proteger la privacidad de los individuos y garantizar que los sistemas de IA no sean utilizados para propósitos maliciosos o invasivos.

Además, la responsabilidad también implica abordar el ciclo de vida completo de los sistemas de IA. Esto incluye la monitorización continua de su desempeño y la disposición adecuada de los datos utilizados. Los desarrolladores y usuarios de IA deben estar preparados para corregir errores, mejorar los algoritmos y tomar medidas para corregir posibles sesgos o problemas éticos que puedan surgir durante la implementación [7].

Marco Ético para la Inteligencia Artificial

Dada la importancia de la ética y la responsabilidad en la IA, es crucial establecer un marco ético sólido que guíe el desarrollo y uso de la inteligencia artificial. Este marco ético puede proporcionar orientación y principios claros para garantizar que la IA se utilice de manera ética y responsable.

Existen varias iniciativas y estándares éticos que se han propuesto en el campo de la IA. Por ejemplo, la Unión Europea ha desarrollado los principios de confiabilidad de la IA, que incluyen la transparencia, la equidad, la responsabilidad y la robustez. Estos principios brindan una guía para desarrollar sistemas de IA éticos y confiables.

El Instituto de Ingenieros Eléctricos y Electrónicos (IEEE) también ha desarrollado una serie de principios éticos para la IA responsable. Estos principios incluyen la transparencia, la responsabilidad, la privacidad, la equidad y la inclusión [8], entre otros aspectos importantes.

Es fundamental que los desarrolladores y usuarios de IA se adhieran a estos marcos éticos y adopten prácticas que promuevan la responsabilidad y la ética en todas las etapas de desarrollo y aplicación de la IA.

Implicaciones Éticas Futuras de la Inteligencia Artificial

A medida que la IA continúa avanzando y se exploran nuevas aplicaciones, surgen nuevas implicaciones éticas. Por ejemplo, la robótica y la IA en el ámbito de la salud plantean preguntas éticas sobre la privacidad y la confidencialidad de los datos médicos, así como sobre la responsabilidad de las decisiones tomadas por sistemas autónomos en el cuidado de la salud.

Además, el desarrollo de la superinteligencia artificial, una IA con capacidades que superan las capacidades humanas en todas las áreas, plantea desafíos éticos significativos. ¿Cómo garantizar que una IA superinteligente actúe de manera ética y respete los valores humanos?

Es importante considerar estas implicaciones éticas futuras y fomentar un diálogo continuo sobre las mejores prácticas y regulaciones éticas en el campo de la IA [9].

Conclusiones

En este capítulo, hemos explorado los aspectos clave de la ética y la responsabilidad en la inteligencia artificial. Hemos abordado desafíos como el sesgo algorítmico, la toma de decisiones automatizada y el impacto social de la IA. También hemos destacado la importancia de la responsabilidad en el desarrollo y uso de la IA, así como la necesidad de establecer marcos éticos sólidos.

A medida que la IA continúa avanzando y desempeñando un papel cada vez más prominente en nuestra sociedad, es esencial que todos los actores involucrados en su desarrollo y aplicación asuman la responsabilidad de garantizar que se utilice de manera ética y responsable.

Para lograrlo, es fundamental promover la transparencia en los sistemas de IA, permitiendo que se comprenda cómo se toman las decisiones y cómo se utilizan los datos. Esto implica divulgar los algoritmos utilizados, los conjuntos de datos empleados y las metodologías aplicadas en el entrenamiento de los modelos.

Además, se debe trabajar activamente para evitar sesgos discriminatorios en los algoritmos de IA. Esto implica una evaluación cuidadosa de los datos de entrenamiento para identificar y corregir cualquier sesgo existente. Asimismo, se deben establecer mecanismos para monitorear y corregir posibles sesgos emergentes a medida que se utilizan los sistemas de IA en diferentes contextos.

La equidad y la justicia deben ser principios fundamentales en el desarrollo y aplicación de la IA. Los sistemas de IA deben ser diseñados de manera que no discriminen a ninguna persona o grupo, y se deben tomar medidas para garantizar que los beneficios y las oportunidades generadas por la IA se distribuyan de manera justa y equitativa.

La privacidad es otro aspecto crítico que debe abordarse en la ética de la IA. Los sistemas de IA a menudo requieren el uso de datos personales sensibles, y es importante garantizar que estos datos se manejen de manera segura y se respeten los derechos de privacidad de los individuos. Esto implica implementar medidas de protección de datos, como el anonimato y el cifrado, y obtener el consentimiento informado de los usuarios cuando sea necesario.

Además, es esencial establecer mecanismos de rendición de cuentas claros y efectivos en el desarrollo y uso de la IA. Esto implica que los actores involucrados, ya sean desarrolladores, proveedores de servicios o usuarios, sean responsables de las decisiones y acciones relacionadas con la IA. También debe haber un marco regulatorio adecuado que supervise y haga cumplir los estándares éticos en el campo de la IA.

En conclusión, la ética y la responsabilidad son componentes esenciales en el desarrollo y aplicación de la inteligencia artificial. Abordar los desafíos éticos, promover la transparencia, evitar sesgos, garantizar la equidad y la justicia, proteger la privacidad y establecer mecanismos de rendición de cuentas son aspectos fundamentales para garantizar que la IA se utilice de manera ética y responsable en beneficio de toda la sociedad.

Referencias bibliográficas del capítulo 15

[1] Floridi, L., Cowls, J., Beltrametti, M., Chatila, R., Chazerand, P., Dignum, V., ... & Fossati, F. (2018). AI4People—An Ethical Framework for a Good AI Society: Opportunities, Risks, Principles, and Recommendations. Minds and Machines, 28(4), 689-707.

[2] Jobin, A., Ienca, M., & Vayena, E. (2019). The global landscape of AI ethics guidelines. Nature Machine Intelligence, 1(9), 389-399.

[3] European Commission. (2019). Ethics Guidelines for Trustworthy AI Development. Recuperado de: https://ec.europa.eu/digital-single-market/en/news/ethics-guidelines-trustworthy-ai-development

[4] IEEE Global Initiative on Ethics of Autonomous and Intelligent Systems. (2021). Ethically Aligned Design: A Vision for Prioritizing Human Well-being with Autonomous and Intelligent Systems. Recuperado de: https://ethicsinaction.ieee.org/

[5] Bostrom, N. (2014). Superintelligence: Paths, Dangers, Strategies. Oxford University Press.

[6] Mittelstadt, B. D., Allo, P., Taddeo, M., Wachter, S., & Floridi, L. (2016). The ethics of algorithms: Mapping the debate. Big Data & Society, 3(2), 2053951716679679.

[7] Sandler, R. L., & Barocas, S. (2016). The Intergroup Fallacy: Representing Other Groups in Machine Learning. Fordham Law Review, 85, 445.

[8] Selbst, A. D., Boyd, D., Friedler, S. A., Venkatasubramanian, S., & Vertesi, J. (2019). Fairness and Abstraction in Sociotechnical Systems. In Proceedings of the 2019 CHI Conference on Human Factors in Computing Systems (pp. 1-14).

[9] Taddeo, M., & Floridi, L. (2018). Regulate artificial intelligence to avert cyber arms race. Nature, 556(7701), 296-298.

Glosario

Algoritmo: Un conjunto de instrucciones lógicas y matemáticas que guían el funcionamiento de un sistema informático. En el contexto de la inteligencia artificial, los algoritmos juegan un papel fundamental en el procesamiento de datos y la toma de decisiones de los sistemas de IA.

Aprendizaje automático (Machine Learning): Un subcampo de la inteligencia artificial que se centra en el desarrollo de algoritmos y modelos que permiten a las máquinas aprender y mejorar a través de la experiencia, sin necesidad de ser programadas explícitamente.

Aprendizaje automático reforzado: Una combinación del aprendizaje automático y la toma de decisiones. Se basa en la idea de que un agente aprende a realizar acciones en un entorno para maximizar una recompensa acumulada a largo plazo. Este enfoque se utiliza en aplicaciones como juegos y robótica.

Aprendizaje no supervisado: Un enfoque de aprendizaje automático en el que el algoritmo aprende a partir de datos no etiquetados y encuentra patrones o estructuras ocultas en los datos.

Aprendizaje supervisado: Un enfoque de aprendizaje automático en el que se proporcionan ejemplos etiquetados al algoritmo para que aprenda a realizar predicciones o clasificaciones similares.

Aprendizaje por refuerzo: Un enfoque de aprendizaje automático en el que un agente interactúa con un entorno y aprende a través de la retroalimentación en forma de recompensas o castigos.

Asimetría de poder en la inteligencia artificial: La desigualdad de poder y control que puede existir entre quienes desarrollan y utilizan la inteligencia artificial y aquellos que son afectados por ella. La asimetría de poder plantea desafíos éticos en términos de transparencia, rendición de cuentas y participación equitativa en las decisiones relacionadas con la inteligencia artificial.

Auditoría algorítmica: El proceso de examinar y evaluar de manera independiente los algoritmos y modelos de inteligencia artificial para detectar sesgos, discriminación y otros problemas éticos. Las auditorías algorítmicas buscan identificar y corregir posibles deficiencias éticas en los sistemas de inteligencia artificial y promover la transparencia y la rendición de cuentas.

Automatización: El proceso de reemplazar o complementar las tareas realizadas por humanos con sistemas o algoritmos automáticos. En el contexto empresarial, la inteligencia artificial puede desempeñar un papel importante en la automatización de procesos y la optimización de operaciones.

Bibliotecas de código abierto: Conjuntos de herramientas y recursos de software que están disponibles para el público de forma gratuita y abierta.

En el contexto de la inteligencia artificial, existen numerosas bibliotecas de código abierto que proporcionan implementaciones de algoritmos y modelos para facilitar el desarrollo y la investigación.

Big Data: El término que se refiere a la gran cantidad de datos que se generan y acumulan en diversos ámbitos, como redes sociales, sensores y transacciones en línea. El procesamiento y análisis de Big Data es fundamental para muchas aplicaciones de inteligencia artificial.

Chatbot: Un programa informático diseñado para interactuar con usuarios humanos a través de lenguaje natural. Utiliza técnicas de procesamiento del lenguaje natural y aprendizaje automático para comprender y responder preguntas o realizar tareas específicas.

Comités de ética en inteligencia artificial: Grupos o equipos multidisciplinarios encargados de proporcionar orientación y supervisión ética en el desarrollo y uso de la inteligencia artificial. Estos comités suelen estar formados por expertos en ética, investigadores, profesionales de la industria, representantes de la sociedad civil y otras partes interesadas, y su objetivo principal es garantizar que los sistemas de inteligencia artificial se utilicen de manera responsable y ética.

Conciencia de sesgo: La capacidad de los desarrolladores y usuarios de inteligencia artificial para reconocer la existencia y el impacto potencial de sesgos algorítmicos en los resultados y decisiones generadas por los sistemas. La conciencia de sesgo es fundamental para abordar y mitigar los sesgos en la inteligencia artificial.

Conciencia ética en la inteligencia artificial: La capacidad de los sistemas de inteligencia artificial para comprender y aplicar principios éticos en su toma de decisiones. Esto implica incorporar consideraciones éticas y morales en los algoritmos y asegurarse de que las acciones de la inteligencia artificial sean coherentes con los valores humanos.

Contratación ética de inteligencia artificial: El proceso de integrar consideraciones éticas en el desarrollo y adquisición de sistemas de inteligencia artificial. La contratación ética de inteligencia artificial implica evaluar y seleccionar soluciones que sean transparentes, imparciales, respeten la privacidad y cumplan con los estándares éticos aceptados.

Derecho a la explicación: El concepto de que los individuos tienen el derecho de comprender y recibir una explicación sobre las decisiones tomadas por sistemas de inteligencia artificial que los afecten. Esto promueve la rendición de cuentas y la confianza en los sistemas de inteligencia artificial.

Derechos digitales: Los derechos fundamentales que deben protegerse en el contexto de la inteligencia artificial y la tecnología digital. Estos derechos incluyen la privacidad, la libertad de expresión, la no discriminación, el acceso equitativo a la tecnología y la protección de datos personales. Los derechos digitales son fundamentales para garantizar un uso ético y responsable de la inteligencia artificial.

Discriminación algorítmica: El fenómeno en el que los algoritmos de inteligencia artificial perpetúan y amplifican la discriminación y desigualdad existentes en la sociedad. Esto puede ocurrir cuando los datos de entrenamiento contienen sesgos o cuando los algoritmos no son diseñados adecuadamente para mitigarlos.

Equidad algorítmica: El objetivo de garantizar que los sistemas de inteligencia artificial sean justos y no discriminen a ciertos grupos o individuos. Se busca minimizar la influencia de sesgos y prejuicios en los algoritmos y asegurar que las decisiones tomadas sean equitativas y imparciales.

Ética en la inteligencia artificial: 1). El estudio y la reflexión sobre los aspectos éticos y morales relacionados con el desarrollo y el uso de la inteligencia artificial. Esto incluye consideraciones sobre la privacidad, la equidad, la transparencia, el sesgo algorítmico y el impacto social de los sistemas de inteligencia artificial. 2). El campo de estudio que se centra en los dilemas éticos y morales relacionados con el desarrollo y la aplicación de la inteligencia artificial. Se preocupa por cuestiones como el sesgo algorítmico, la privacidad, la equidad y la responsabilidad de las decisiones tomadas por los sistemas de inteligencia artificial. 3). Un conjunto de principios y valores éticos que guían el desarrollo, la implementación y el uso de la inteligencia artificial. Busca garantizar que la inteligencia artificial se utilice de manera responsable, justa y equitativa, y que se minimicen los posibles impactos negativos en la sociedad.

Ética de la inteligencia artificial centrada en el usuario: Un enfoque ético que pone énfasis en el impacto y el bienestar de los usuarios finales de los sistemas de inteligencia artificial. Considera aspectos como la transparencia, la equidad, la privacidad y la confidencialidad.

Ética de la inteligencia artificial en la educación: La aplicación de principios éticos en el uso de la inteligencia artificial en entornos educativos. Esto incluye cuestiones como la privacidad de los datos de los estudiantes, la equidad en el acceso a la educación y la responsabilidad en la toma de decisiones basadas en algoritmos.

Ética de la inteligencia artificial en la gobernanza: La aplicación de principios éticos en la toma de decisiones y la gobernanza de la inteligencia artificial a nivel institucional y gubernamental. Esto implica considerar las implicaciones éticas de las políticas y regulaciones relacionadas con la inteligencia artificial, así como promover la participación y la transparencia en los procesos de toma de decisiones.

Evaluación de impacto ético: El proceso de evaluar y predecir los posibles impactos éticos de los sistemas de inteligencia artificial antes de su implementación. Esta evaluación considera los efectos en la privacidad, la equidad, la justicia y otros valores éticos relevantes, y busca identificar medidas para mitigar los posibles riesgos y daños.

Explicabilidad en la inteligencia artificial: La capacidad de los sistemas de inteligencia artificial para explicar cómo llegan a sus conclusiones o decisiones. Es especialmente relevante en aplicaciones críticas como la medicina o la justicia, donde es importante entender el razonamiento detrás de las recomendaciones o predicciones realizadas por los algoritmos.

Interoperabilidad: La capacidad de diferentes sistemas de inteligencia artificial para comunicarse, compartir datos y colaborar de manera efectiva. La interoperabilidad es fundamental para fomentar la integración y la sinergia entre distintas aplicaciones y tecnologías de inteligencia artificial.

Justicia algorítmica: El objetivo de asegurar que los sistemas de inteligencia artificial promuevan la justicia y la equidad en la toma de decisiones. Esto implica considerar el impacto diferencial que pueden tener los algoritmos en diferentes grupos sociales y trabajar para reducir cualquier sesgo o discriminación inherente.

Minería de datos: El proceso de descubrir patrones, relaciones y conocimientos útiles a partir de grandes conjuntos de datos. La minería de datos es fundamental para extraer información valiosa en el campo de la inteligencia artificial.

Plataformas de aprendizaje automático: Conjuntos de herramientas y recursos que facilitan la construcción, implementación y gestión de modelos de aprendizaje automático. Estas plataformas suelen incluir bibliotecas de código abierto, entornos de desarrollo integrados y servicios en la nube para el procesamiento y entrenamiento de modelos.

Privacidad de los datos: La preocupación por proteger la información personal y sensible contenida en los conjuntos de datos utilizados en los sistemas de inteligencia artificial. La privacidad de los datos es un tema importante en el contexto de la ética y responsabilidad en la inteligencia artificial.

Privacidad diferencial: Un enfoque que permite el análisis de datos agregados y desidentificados mientras se protege la privacidad de las personas. Se utiliza para garantizar que los resultados generados por los sistemas de inteligencia artificial no revelen información sensible o personal sobre individuos específicos.

Privacidad por diseño: Un enfoque de diseño de sistemas de inteligencia artificial que busca incorporar medidas de privacidad desde el inicio del desarrollo. Esto implica considerar la protección de datos personales como una característica fundamental del diseño del sistema, en lugar de una consideración posterior.

Procesamiento del lenguaje natural (PLN): Una rama de la inteligencia artificial que se ocupa de la interacción entre las máquinas y el lenguaje humano. Se refiere al desarrollo de algoritmos y modelos que permiten a las computadoras entender, interpretar y generar lenguaje humano de manera efectiva.

Pruebas de adversidad: Evaluaciones que se realizan en los sistemas de inteligencia artificial para medir su capacidad de resistir y responder a situaciones adversas, incluyendo intentos de engaño, ataques cibernéticos o manipulaciones malintencionadas. Las pruebas de adversidad buscan fortalecer la seguridad y la integridad de los sistemas de inteligencia artificial frente a posibles amenazas.

Pruebas de equidad: Métodos y técnicas utilizados para evaluar y mitigar el sesgo algorítmico en los sistemas de inteligencia artificial. Estas pruebas buscan identificar posibles disparidades y asegurar que los resultados de los algoritmos sean justos y equitativos para todos los grupos de usuarios.

Redes generativas adversariales (GAN, por sus siglas en inglés): Un tipo de modelo de aprendizaje automático compuesto por dos redes neuronales, el generador y el discriminador, que compiten entre sí. El generador crea muestras sintéticas mientras que el discriminador intenta distinguir entre las muestras reales y las sintéticas. Este enfoque se utiliza en la generación de imágenes y otros datos sintéticos.

Redes neuronales: Modelos computacionales inspirados en el funcionamiento del cerebro humano, que consisten en capas interconectadas de nodos (neuronas) que procesan y transmiten información. Se utilizan en aplicaciones de aprendizaje automático para realizar tareas de reconocimiento, clasificación y predicción.

Redes neuronales convolucionales: Un tipo de red neuronal especializada en el procesamiento de datos estructurados en forma de matrices, como imágenes. Estas redes son ampliamente utilizadas en tareas de visión por computadora.

Redes neuronales recurrentes: Un tipo de red neuronal que permite el procesamiento de secuencias de datos, como texto o audio, al mantener una memoria interna. Se utilizan en tareas de procesamiento del lenguaje natural y generación de texto.

Responsabilidad algorítmica: El concepto de que los desarrolladores y usuarios de sistemas de inteligencia artificial son responsables de las decisiones y los resultados generados por dichos sistemas. Involucra la evaluación crítica de los algoritmos utilizados, la transparencia en el proceso de toma de decisiones y la rendición de cuentas en caso de consecuencias negativas.

Responsabilidad compartida: El concepto de que la responsabilidad en el desarrollo y uso de la inteligencia artificial no recae únicamente en los desarrolladores, sino que también implica a los usuarios, las organizaciones y la sociedad en su conjunto. Todos los actores deben asumir la responsabilidad de garantizar un uso ético y responsable de la inteligencia artificial.

Responsabilidad de los desarrolladores: La obligación ética de los desarrolladores de inteligencia artificial de garantizar que los sistemas sean diseñados y utilizados de manera responsable. Esto incluye la consideración de posibles impactos negativos, la mitigación de sesgos y la implementación de salvaguardias para evitar consecuencias no deseadas.

Responsabilidad en la inteligencia artificial: La noción de que los creadores, desarrolladores y usuarios de la inteligencia artificial deben asumir la responsabilidad de las decisiones y acciones de los sistemas de inteligencia artificial. Esto implica garantizar que los sistemas sean seguros, confiables, justos y que se utilicen de manera ética.

Responsabilidad social de la inteligencia artificial: La noción de que la inteligencia artificial debe ser utilizada de manera responsable y considerar los impactos sociales, culturales y éticos de su aplicación. Involucra la consideración de los valores y normas de la sociedad en el diseño y uso de sistemas de inteligencia artificial.

Robótica: La rama de la inteligencia artificial que se ocupa del diseño, desarrollo y aplicación de robots. Combina la ingeniería, la informática y la inteligencia artificial para crear sistemas de robots inteligentes.

Robótica ética: El campo que aborda los aspectos éticos relacionados con los robots y la interacción entre los robots y los seres humanos. Incluye cuestiones como la seguridad, la responsabilidad, la privacidad y la equidad en el diseño, desarrollo y uso de robots en diversos contextos, como la asistencia médica, la industria y la vida cotidiana.

Robustez ética: La capacidad de los sistemas de inteligencia artificial para resistir y mitigar el impacto de sesgos, discriminación y otros problemas éticos. La robustez ética implica diseñar algoritmos y modelos que sean menos susceptibles a sesgos y que puedan adaptarse y mejorar en función de la retroalimentación y las necesidades cambiantes de los usuarios y la sociedad.

Sesgo algorítmico: 1). El sesgo o prejuicio que puede estar presente en los resultados de los sistemas de inteligencia artificial debido a la falta de representatividad o la inclusión de prejuicios implícitos en los conjuntos de datos utilizados para entrenar los modelos. 2). La tendencia inherente de los algoritmos de aprendizaje automático a reflejar y amplificar sesgos presentes en los datos de entrenamiento. Esto puede llevar a discriminación y decisiones injustas si no se aborda adecuadamente.

Sesgo algorítmico de edad: Un tipo específico de sesgo algorítmico que se refiere a la discriminación basada en la edad en los resultados generados por los sistemas de inteligencia artificial. Puede ocurrir cuando los algoritmos toman decisiones o hacen inferencias incorrectas basadas en la edad de las personas.

Sesgo algorítmico de género: Un tipo específico de sesgo algorítmico que se refiere a la discriminación o desigualdad de género en los resultados generados por los algoritmos de inteligencia artificial. Puede ocurrir cuando los modelos de aprendizaje automático se basan en datos sesgados o refuerzan estereotipos de género.

Sesgo algorítmico de sesgo de confirmación: Un tipo específico de sesgo algorítmico que se refiere a la tendencia de los algoritmos de inteligencia artificial a favorecer y reforzar las creencias o prejuicios existentes de los usuarios. Esto puede limitar la exposición a información diversa y ampliar las divisiones y polarizaciones en la sociedad.

Sesgo algorítmico en el reconocimiento facial: Un tipo específico de sesgo algorítmico que se refiere a la discriminación en los sistemas de reconocimiento facial basados en algoritmos de inteligencia artificial. Puede ocurrir cuando los algoritmos tienen un desempeño inferior en el reconocimiento de ciertos grupos étnicos, raciales o de género, lo que puede llevar a resultados injustos y perjudiciales.

Sesgo algorítmico en el sistema judicial: Un tipo específico de sesgo algorítmico que se refiere a la discriminación en el sistema judicial basada en algoritmos de inteligencia artificial. Puede ocurrir cuando los algoritmos toman decisiones sesgadas en la evaluación de riesgo, la sentencia o la estimación de penas.

Sesgo algorítmico en la atención al cliente: Un tipo específico de sesgo algorítmico que se refiere a la discriminación en los sistemas de atención al cliente basados en algoritmos de inteligencia artificial. Puede ocurrir cuando los algoritmos responden o tratan de manera sesgada a ciertos clientes, generando experiencias de servicio desiguales o discriminatorias.

Sesgo algorítmico en la atención médica: Un tipo específico de sesgo algorítmico que se refiere a la discriminación en el diagnóstico, el tratamiento y la atención médica basada en algoritmos de inteligencia artificial. Puede ocurrir cuando los algoritmos se entrenan con datos sesgados o no tienen en cuenta las diferencias individuales y contextuales.

Sesgo algorítmico en la contratación: Un tipo específico de sesgo algorítmico que se refiere a la discriminación en los procesos de contratación basada en algoritmos de inteligencia artificial. Puede ocurrir cuando los algoritmos toman decisiones sesgadas en la selección de candidatos, perpetuando desigualdades existentes en el mercado laboral.

Sesgo algorítmico en la evaluación crediticia: Un tipo específico de sesgo algorítmico que se refiere a la discriminación en los sistemas de evaluación crediticia basados en algoritmos de inteligencia artificial. Puede ocurrir cuando los algoritmos generan puntajes o decisiones crediticias sesgadas, excluyendo o penalizando injustamente a ciertos individuos o grupos.

Sesgo algorítmico en la publicidad: Un tipo específico de sesgo algorítmico que se refiere a la discriminación en la publicidad en línea basada en algoritmos de inteligencia artificial. Puede ocurrir cuando los algoritmos seleccionan y muestran anuncios de manera sesgada, perpetuando estereotipos y discriminación en la publicidad digital.

Sesgo algorítmico en la seguridad: Un tipo específico de sesgo algorítmico que se refiere a la discriminación en la detección y respuesta a amenazas de seguridad basada en algoritmos de inteligencia artificial. Puede ocurrir cuando los algoritmos toman decisiones sesgadas que afectan la identificación de riesgos o la protección de datos y sistemas.

Sesgo algorítmico en la selección de noticias: Un tipo específico de sesgo algorítmico que se refiere a la discriminación en los algoritmos que seleccionan y presentan noticias o información a los usuarios. Puede ocurrir cuando los algoritmos favorecen ciertos puntos de vista o generan burbujas informativas, limitando la diversidad de perspectivas y la exposición a información imparcial.

Sesgo algorítmico en la toma de decisiones: Un tipo específico de sesgo algorítmico que se refiere a la discriminación en los procesos de toma de decisiones basados en algoritmos de inteligencia artificial. Puede ocurrir cuando los algoritmos generan recomendaciones o decisiones sesgadas, influyendo en resultados injustos o desiguales para ciertos individuos o grupos.

Sesgo algorítmico en la vigilancia: Un tipo específico de sesgo algorítmico que se refiere a la discriminación en los sistemas de vigilancia basados en algoritmos de inteligencia artificial. Puede ocurrir cuando los algoritmos identifican o etiquetan erróneamente a personas o grupos específicos, lo que puede tener consecuencias negativas en términos de privacidad y derechos individuales.

Sesgo algorítmico en los sistemas de recomendación: Un tipo específico de sesgo algorítmico que se refiere a la discriminación en los sistemas de recomendación basados en algoritmos de inteligencia artificial. Puede ocurrir cuando los algoritmos presentan contenido o productos de manera sesgada, influyendo en las preferencias y elecciones de los usuarios.

Sesgo algorítmico racial: Un tipo específico de sesgo algorítmico que se refiere a la discriminación basada en la raza en los resultados generados por los sistemas de inteligencia artificial. Puede ocurrir cuando los algoritmos toman decisiones sesgadas o refuerzan estereotipos raciales.

Sesgo algorítmico socioeconómico: Un tipo específico de sesgo algorítmico que se refiere a la discriminación basada en el estatus socioeconómico en los resultados generados por los sistemas de inteligencia artificial. Puede ocurrir cuando los algoritmos favorecen o perjudican a ciertos grupos socioeconómicos.

Transparencia algorítmica: 1). El principio de hacer que los algoritmos y sistemas de inteligencia artificial sean comprensibles y explicables. La transparencia algorítmica busca evitar la opacidad y permitir una supervisión y rendición de cuentas adecuadas. 2). La idea de que los sistemas de inteligencia artificial deben ser transparentes y comprensibles para los usuarios y las partes interesadas. Esto implica que los algoritmos utilizados y el proceso de toma de decisiones sean explicables y que se brinde información clara sobre cómo se llega a un resultado específico. 3). El grado en que los sistemas de inteligencia artificial revelan su funcionamiento interno, incluyendo los datos utilizados, los algoritmos aplicados y los factores que influyen en las decisiones. La transparencia algorítmica es fundamental para la rendición de cuentas y la confianza en los sistemas de inteligencia artificial.

Transparencia algorítmica inversa: La práctica de divulgar y compartir información sobre los algoritmos y datos utilizados en los sistemas de inteligencia artificial con el objetivo de permitir una revisión y escrutinio independiente. La transparencia algorítmica inversa busca fomentar la confianza, la rendición de cuentas y la detección de posibles sesgos o problemas éticos en los sistemas de inteligencia artificial.

Visión por computadora: El campo de estudio que se enfoca en permitir a las máquinas "ver" e interpretar el mundo visual utilizando algoritmos y técnicas de procesamiento de imágenes. Permite a las computadoras analizar, comprender y extraer información útil de imágenes y videos.

Sobre el autor

Germán Carro Fernández es Doctor en Ingeniería Industrial, Ingeniero informático y Economista. Lleva en el ámbito de la tecnología industrial y empresarial desde 2006. Su experiencia como investigador y desarrollador en robótica, ingeniería telemática, programación y nuevas tecnologías, se complementa con su conocimientos del mundo empresarial, su visión macro y microeconómica de los mercados y del ámbito financiero. Durante más de veinte años ha estado asesorando a empresas y participando en foros técnicos a nivel nacional e internacional. Ha publicado decenas de papers científicos y técnicos y colabora como revisor en revistas internacionales de tecnología. Además de haber formado parte activa de varias secciones del IEEE, es Senior Member de dicha institución internacional.